JE BENT JONG EN JE KRIJGT WAT

Leven en liefhebben in tijden van baarmoederhalskanker

Je bent jong en je krijgt wat

Monique van Loon

NIEUW AMSTERDAM

'Thank you for the tragedy. I need it for my art.'

– Kurt Cobain

NUR 320
ISBN 978 90 468 2643 0
www.nieuwamsterdam.nl

FSC
www.fsc.org
MIX
Papier van verantwoorde herkomst
FSC® C004472

1

‘Baarmoederhalskanker kan het niet zijn, je bent pas achtentwintig.’

Het is voorjaar 2017 en ik zit in de spreekkamer van mijn huisarts, een rustige man van middelbare leeftijd met een ietwat kalende schedel. Ik voel eerder verbazing dan opluchting. Was kanker dan een optie geweest?

En baarmoederhalskanker? Ken ik iemand die dat ooit heeft gehad? Heb ik er ooit iets over gelezen; een boek, een artikel? Er een film over gezien? Ik kan het me niet herinneren.

Ik weet zo ongeveer waar mijn baarmoeder zit, maar daar houdt het ook wel mee op. Ik beschouw het vooral als een bron van maandelijks ongemak, ellendige buikpijn en bloedverlies dat vooral op onhandige momenten optreedt. Jarenlang ben ik al op zoek naar de meest geschikte anticonceptie voor mijn lijf: dan weer de pil, dan weer het spiraaltje, toch weer terug naar de pil omdat het spiraal steeds tussentijdse bloedingen gaf. Maar wacht even: hij had het over de baarmoederháls. Is dat hetzelfde als de baarmoedermond? God, ik ben achtentwintig en ik heb geen idee. Blijkbaar heb ik zitten slapen tijdens biologie. Ben ik de enige die dit niet weet?

Mijn hoofd tolt. Maar waar maak ik me eigenlijk druk over? Ik vertel mezelf dat ik opgelucht moet zijn. Eerst maar eens verder kijken naar wat het dan wél is.

Mijn huisarts heeft wel een idee wat de reden zou kunnen zijn voor de vage bloedingen waar ik al maanden en maanden mee kamp.

Dat begon met wat 'spotting', zoals dat heet, ergens eind 2016. Waar een man na drie druppels rood in zijn boxershort al gillend naar de spoedeisende hulp zou racen, zal een vrouw doorgaans een stuk beheerster reageren. Onverschillig misschien zelfs wel. Welke vrouw kent dat niet? Wij trekken ons niet zo snel iets aan van wat bloedverlies. We zijn het gewend, elke maand, sinds onze vroege tienerjaren. Soms netjes vijf dagen aaneengeschakeld, handig af te strepen met rode kruisjes op de kalender. Soms vervelend onverwacht, zich niks aantrekkend van geplande strandbezoekjes.

Sinds ik weer aan de pil was had ik mijn menstruaties onder controle: een vastomlijnde midweek bloedverlies, perfect gepland in de stopweek. Ik droeg zorgeloos witte slipjes, behalve op die dagen. Voor die ene midweek had ik een speciaal doosje gekleurde, oude exemplaren in mijn kledingkast liggen.

Tot een paar maanden geleden. Opeens verraste mijn lichaam mij op de meest onhandige momenten met bloedverlies. Ik had geen pijn, maar elke keer toch onverwachtse bloedingen. Ook als ik die dag een dure string aanhad, of zin had in een onbezonnen vrijpartij. Wanneer ik eindelijk besluit om de huisarts te bellen, heb ik bijna elke dag bloedverlies. De wasmachine draait overuren en mijn lingerielade heb ik aangevuld met allerlei nieuwe bontgekleurde onderbroeken. Wit dragen durf ik al tijden niet meer. In al mijn tassen zit extra maandverband en ondergoed. Wat is er toch aan de hand?

'Poliepen, dat zullen het zijn,' zegt mijn huisarts terwijl hij de ijskoude eendenbek onhandig uit mijn schede trekt. Het onderzoek was pijnlijk, dat had ik niet zien aankomen. Terwijl ik met een schurend grijs papiertje het glijmiddel uit mijn liezen veeg en voorzichtig mijn broek aantrek, probeer ik te bedenken wat een poliep is.

'Baarmoederhalspoliepen zijn over het algemeen onschuldige woekeringen van het slijmvlies. Ze kunnen vrij groot worden, maar bij jou zie ik eigenlijk niets als ik naar binnen kijk. Ik denk toch aan poliepen, omdat het afnemen van het uitstrijkje net zo extreem pijnlijk voor je was. En omdat je erg bloederige afscheiding hebt. Heel af en toe wordt zo'n poliep kwaadaardig, daarom laten we het voor de zekerheid even onderzoeken en kunnen we dat volledig uitsluiten. Volgende week krijg je de uitslag.'

Nou, dat wordt een leuke week.

Als ik thuiskom en een pot thee zet, bedenk ik dat ik morgen een date heb. Niet de beste timing ooit, maar ik ben alweer even single en heb zin om nieuwe mensen te ontmoeten.

Ik heb hiervoor wel wat korte verhoudingen gehad, maar er was vooral die lange relatie met iemand die ik jarenlang als mijn grote liefde beschouwde. Ik had zo gehoopt dat deze relatie nooit over zou gaan en toch maakte ik het zelf uit – het ging niet meer, we hadden op een gegeven moment alleen nog maar ruzie. Maar echt vergeten kan ik hem niet. Hij zit in mijn bloed en onder mijn huid.

Tot mijn geluk groeide de band met mijn ex na verloop van tijd uit tot een diepe vriendschap. Dat verraste ons allebei, want geen van ons tweeën was tot nu toe een ster in bevriend blijven na een break-up. Onze band bleek echter te sterk. Misschien konden we geen geliefden zijn, maar we wilden toch in elkaars leven blijven.

Sterker nog: we waren bijna hechter dan ooit. Met niemand anders kon ik zo lang praten zonder dat het saai werd, en eindeloos discussiëren over films, boeken en muziek. Hij was de eerste man in mijn leven die me echt leek te begrijpen. Me zag. Me liet groeien en, hoe cliché het ook mag klinken, me een beter en leuker mens maakte. Tuurlijk, we konden op elkaar vitten en waren het vaak oneens. Maar er was een diep respect, we hielden oprecht van elkaar.

Bij het verhuizen van mijn spullen uit zijn huis verdween dat allemaal niet. Ruim een jaar lang bleven we de beste vrienden. We appten de hele dag door en zagen elkaar wekelijks.

Maar de schakel brak toen hij voor het eerst weer een nieuwe vriendin kreeg. Dat had ik niet zien aankomen. Ik verwachtte, of beter gezegd hoopte vurig, dat onze vriendschap in tegenstelling tot onze relatie voor de rest van ons leven zou duren. Dat iemand anders, ook een geliefde die ik hem zo gun, daar niet tussen kon komen. Dat onze connectie hecht genoeg was en alles in harmonie naast elkaar kon bestaan.

We zijn volwassen, godbetert, ik ben toch ook weer aan het daten? Ik gun hem zijn nieuwe liefde. Onze vriendschap kan dat toch allemaal aan?

Dat kan het niet. Zijn vriendin is stikjaloers en hij wil rekening houden met haar. Hij kan me niet meer zien. Mijn hart is gebroken.

Het verlies van deze vriendschap komt veel harder aan dan de break-up van ruim een jaar daarvoor. De winter breekt aan, het wordt stil en vooral koud. Niet zozeer buiten op straat, maar diep in mij. Ik heb genoeg vriendinnen, een fijn appartement in de Jordaan en de leukste baan ter wereld, maar mijn hart voelt leeg en kil. Ik mis hem elke dag.

Als het nieuwe jaar aanbreekt krabbel ik langzaam weer op. Ik doe wat ik altijd doe en waar ik goed in ben: ik stort me op mijn werk. Culy.nl is een website die ik in 2011 startte met een aantal compagnons. Als mede-eigenaar en hoofdredacteur ben ik het creatieve brein: ik stuur redactieleden aan en denk na over de strategie. Daarnaast assisteer ik de salesafdeling, die in de groeiende maar nog altijd lastig te 'banken' online mediawereld probeert onze culinaire website te verkopen. Geen sales betekent geen inkomen voor mij – zo werkt het leven als ondernemer. Ik moet keihard werken, want er zijn andere mensen die wel op salaris rekenen.

Maar werken doe ik graag, vaak, veel en lang. Natuurlijk vind ik mijn gezondheid belangrijk. Ik wil niets liever dan dat het irritante bloeden stopt, en beter nog: dat er een oorzaak wordt gevonden die met een simpele ingreep of aanpak verholpen kan worden. Maar telkens lijken andere dingen dringender dan een bezoekje aan de dokter. Dan is er weer een campagne over stoomovens, dan hebben we eindeloos teamoverleg of stroomt de mailbox dusdanig over dat ik van voren niet meer weet dat ik van achteren leef.

Maar op een gegeven moment kan ik er niet meer onderuit; het ongemak is te groot. Ik dwing mezelf er nu eindelijk wat aan te doen en bel de huisarts voor een afspraak.

2

Het is mei 2017 en ik heb zojuist het uitstrijkje en dat soort-van-geruststellende gesprek met mijn huisarts achter de rug. Nu moet ik nog een week wachten voor ik weet wat er met mijn lichaam aan de hand is. Poliepen – daar schijnen we op te moeten hopen.

Deze lente voelt als een nieuw begin. Nieuwe dromen dienen zich aan en mijn verdriet van afgelopen winter verdwijnt langzaam naar de achtergrond. Ik ben weer aan het sporten, want op de bruiloft van mijn vader wil ik stralen in een strakke jurk. Ik ben zo blij dat hij hertrouwt met Ank, een fantastisch leuke vrouw. Dat vertel ik hem ook als we samen op pad gaan om een mooi pak voor hem uit te zoeken.

Alles lijkt weer een beetje mee te zitten, op dat bloedverlies na en een paar dates die op niets uitliepen. Naast mijn werk voor Culy.nl doe ik een mooie freelanceklus voor een supermarkt. Ik mag recepten rondom seizoensgebonden producten ontwikkelen. De aspergesoepen, aardbeien panna cotta's en gekookte mosselen vliegen de keuken uit. Dat is mijn graadmeter in het leven: als ik trek heb en zin om te koken en nieuwe gerechten te bedenken, dan gaat het goed met me. Dat is altijd al zo geweest, en daarom is het ook zo heerlijk dat ik van eten mijn beroep heb kunnen maken.

Ik moet zeven dagen wachten. Terwijl de dag van de uitslag dichterbij komt, merk ik dat ik zenuwachtiger ben dan ik verwacht had. 's Avonds in bed stel ik me voor hoe het telefoontje van de huisarts zal gaan. Ik beeld me in dat ik bij een slechte uitslag meteen wordt gebeld, precies op de afgesproken dag, in de ochtend. De telefoon gaat over, in mijn fantasie is dat een lage en donkere tringel die dreigend door de kamer schalt. En dan de rustige stem van de huisarts met het ernstige nieuws. Ik schrik, huil, de wereld staat stil.

Of exact het tegenovergestelde scenario natuurlijk, met een positieve uitslag – wat in dokterstaal dan juist weer negatief heet, verwarrend is dat altijd. Dat scenario kan natuurlijk ook. Liever zelfs.

Maar op de zevende dag word ik niet gebeld. De uren tikken tergend langzaam voorbij en in de middag besluit ik zelf maar een poging te wagen. Het is al laat, de praktijk gaat bijna dicht. De vrolijke assistente, die nog weleens alleraardigst met me mee naar huis liep wanneer ik flauw was gevallen bij het plaatsen van een spiraaltje, neemt de telefoon op.

'O, de uitslag,' mompelt ze. Ik hoor haar graaien door wat paperassen.

'Een uitstrijkje had je toch? Jup, niks aan de hand. PAP I. Helemaal goed dus, niks om je zorgen over te maken. Fijne avond alvast!'

Verbouwereerd leg ik mijn mobieltje neer. Ik moet googelen om de uitslag te snappen. PAP I is goed, lees ik. 'Bij PAP

I is de uitslag normaal. De cellen zijn goed te beoordelen en zien er normaal uit.'

Normaal. Alles is normaal. Mijn baarmoeder in ieder geval. Maar waarom bloed ik dan nog steeds? Ik heb net alweer een onderbroek moeten weggooien en ook de inlegkruisjes zijn niet aan te slepen. Met tampons ben ik inmiddels gestopt – ik vloei net niet genoeg en daardoor blijven het droge hompjes die mijn vagina irriteren. Het voelt vies, vervelend bovenal, het belemmert me en ik wil ervanaf zijn.

Ik kijk op de klok en zie dat de praktijk nu gesloten is – ik was echt nét op tijd, anders had ik nog een dag in spanning moeten zitten. Wat is dat toch met huisartsen, dat ze niet inzien hoe belangrijk een uitslag voor iemand is? En dat je dan nog steeds met vragen rond kan lopen? Je moet er altijd zelf achteraan bellen, ondertussen nagelbijtend en piekerend je dagen doorkomend.

Weer een dag wachten. Natuurlijk overweeg ik even om het hierbij te laten, om gewoon door te gaan met leven en te wachten tot het bloeden vanzelf stopt. Want wat valt er nog uit te zoeken? Alles ziet er immers toch 'normaal' uit volgens de assistente? Maar ik heb nog te veel vragen. Kun je bijvoorbeeld met zo'n perfecte PAP I-uitslag tóch baarmoederhalspoliepen hebben? En hoe erg zijn die, moeten die eruit, en wanneer en hoe? Ik lig de hele nacht te woelen.

3

Ik pak door. Die poliepen moeten m'n lichaam uit, als ze er al zitten. Ik wil weer gewoon één weekje per maand bloeden en niet de hele tijd.

Er volgt een doorverwijzing naar de gynaecoloog in het OLVG. Het duurt allemaal even voordat de afspraak staat, maar op een dag in juni is het zover. Het is raar, zo'n gyn-afdeling in het ziekenhuis waar je tussen de bolle buiken in de wachtkamer zit. In mijn buik zit in ieder geval geen baby. In de wachtkamer blader ik afwezig door folders over bevallingen en geboortehotels.

Dokter F heet mijn gynaecoloog, en ze stelt me direct op mijn gemak. Met behulp van een eendenbek kijkt ze of ze 'wat kan zien'. Die eendenbek wordt in het ziekenhuis professioneel 'speculum' genoemd en blijkt een stuk moderner dan het ouderwetse stuk staal dat mijn huisarts gebruikte. Dit exemplaar is zachter, minder koud en veel prettiger in te brengen. Wat een verschil met mijn ervaring in de spreekkamer van mijn ouderwetse dokter in de Jordaan. Toch schiet ik ook hier bij iedere inwendige aanraking tegen het plafond van de pijn.

Op een gegeven moment haalt dokter F haar meerdere

erbij voor een extra blik tussen mijn benen. De twee dames vinden het zorgwekkend dat ik bij dit simpele onderzoek niet alleen hevig bloed, maar ook lig te kermen van ellende.

'Dit is niet normaal,' hoor ik. Weer dat woordje, 'normaal'. Oei.

Terwijl de oudere arts met een stokje in me poert, blijft er een frummeltje weefsel aan hangen. Ze schrikt daar een beetje van en stamelt dan droogjes: 'Nou, nu hebben we direct een biopt.'

Ik zie het stokje in een plastic zakje verdwijnen en gelabeld worden met mijn naam en geboortedatum. Over een paar weken volgt de uitslag. Omdat ze nog steeds uitgaan van baarmoederhalspoliepen wordt er meteen een colposcopie ingepland.

'Dan bekijken we je baarmoederhals met een geavanceerde microscoop, een soort enorm vergrootglas dat bij je in wordt gebracht, je kunt dan live meekijken op een scherm.'

Ik kan niet wachten.

Het is 5 juli. Ik kom net terug van een heerlijk weekend in de Ardennen met al het personeel van de uitgeverij waar mijn website onder valt. Drie dagen lang kletsen, lachen, feesten, spelletjes spelen en eindeloos veel wijn. Ik voel me goed, ook al heb ik nog steeds flinke bloedingen. Tijdens het bedrijfsweekend verdwijnt het onderzoek in het ziekenhuis gelukkig naar de achtergrond. De vele alcohol die we drinken helpt me daar zeker bij.

Bij het OLVG zet ik mijn fiets op slot. Het is warm vandaag, veel warmer dan ik had verwacht, zeker drieëntwintig graden. Ik kijk naar mijn zwarte dichte laarsjes: die had ik best nog wel even kunnen omwisselen voor open loafers.

Hoewel ik vanochtend misschien niet zulke rooskleurige verwachtingen had van het weer, is mijn humeur vandaag opvallend goed. Oké, ik moet *back to reality* met die afspraak voor de colposcopie in het ziekenhuis. Maar ik heb mijn vriendin Anne meegevraagd en straks, na dit snelle onderzoek, gaan we in Oost samen lunchen bij De Plantage. Lekker buiten zitten met een glas wijn erbij om de heerlijke sfeer van het afgelopen feestweekend niet meteen kwijt te zijn. Dat er ook nog een uitslag van het biopt volgt, ben ik alweer bijna vergeten.

Anne en ik zijn melig als we het ziekenhuis binnenlopen. We giechelen om de naam van de mannelijke arts die me straks zal onderzoeken. 'Dokter Kaasschaaf' hebben we ervan gemaakt. Ik grap tegen mijn vriendin dat ik écht hoop dat ze niet meer doen dan kijken met dat vergrootglas – hij zal toch niet, als hij onverhoopt opeens een poliep tegenkomt, meteen het mes ter hand nemen en die fucker eruit halen?

'Misschien is dat juist wel chill,' oppert Anne. 'Dan ben je er wel meteen vanaf!'

Ik weet het zo net nog niet. Eerst eens die microscoop overleven – want hoe groot is dat ding eigenlijk? Daarna wil ik liefst zo snel mogelijk door naar De Plantage waar de wijn wacht.

Nadat ik me heb gemeld bij de balie van de afdeling Endoscopie, waar de colposcopie onder blijkt te vallen, nemen we plaats op de harde wachtstoelen. Waarom ze daar geen zachtere exemplaren voor uitkiezen, is me een raadsel; meestal zit je er langer dan je wilt, en überhaupt zit je er liever niet.

De spanning begint nu toch een beetje te stijgen, ik merk het ook aan Anne. Opeens zegt ze: 'Als ze je komen halen met zo'n superserieus gezicht en dan allemaal dingen gaan zeggen om je op je gemak te stellen, dan weet je dat het foute boel is.'

Ehm, foute boel? Er is niks fout. Ik heb gewoon een onderzoekje en o ja, die biopt-uitslag.

Ik word opgehaald door een assistente of verpleegkundige. Alles wat Anne net voorspelde en ik weglachte, gebeurt. De vrouw kijkt serieus en gedraagt zich als de volwassene die je als kind op schoot nam wanneer je uit het klimrek was gevallen en flink bloedend van de grond werd opgeraapt. Zo van: 'Het komt wel goed, meisje.'

Ik doe wat ik altijd doe in ongemakkelijke situaties: ik begin te ratelen. Over het weer, over de houten-kont-stoelen, God, ik begin zelfs over de naam van de dokter (de kaasschaaf-associatie weet ik gelukkig voor me te houden). De vrouw knikt me telkens bemoedigend toe en verontschuldigt zich voor de lange looproute naar de onderzoekskamer. 'Het OLVG is soms net een labyrint,' zegt ze, 'dan weet ik zelf niet eens meer waar ik ben in dit gebouw.'

Het doolhof eindigt bij de kamer van dokter Kaasschaaf. De man is amper een paar jaar ouder dan ik en officieel arts in opleiding. Ik kan onmogelijk iets tegen aio's hebben, een van mijn vriendinnen uit Brabant doet dezelfde opleiding en medici moeten ergens het vak leren. Maar na de afdeling Gynaecologie nu wéér geen volleerd arts? Terwijl er de vorige keer ook al zoveel onduidelijk bleef? Weet hij wel hoe dat apparaat precies werkt, hoeveel vagina's heeft hij eigenlijk al van dichtbij gezien in z'n leven?

Hij is vriendelijk tegen me, maar wel artserig vriendelijk: het voelt een beetje ingestudeerd, niet heel oprecht of warm. Ik vermoed dat hij, omdat hij zo jong is en nog niet veel ervaring heeft, nog niet helemaal de balans heeft gevonden tussen professioneel en menselijk. Het blijft allemaal wat houterig.

De sfeer in deze ruimte is op z'n zachtst gezegd drukkend te noemen. Dokter Kaasschaaf schraapt zijn keel.

'Mevrouw Van Loon. U komt hier voor de uitslag van uw biopt van de baarmoederhals. Dat is twee weken geleden bij u afgenomen.'

Ik blijf stil. Een unicum.

'Ik moet u helaas mededelen dat we in dat biopt onrustige cellen hebben gevonden. Dit kan een voorstadium van baarmoederhalskanker betekenen.'

Nog steeds stilte. De raderen in mijn hoofd draaien, maar ik weet nog geen gevoel te bedenken bij deze mededeling. Waarom lukt het me niet?

'Daarom raden we u uit voorzorg een conisatie aan. Dat is een kleine ingreep waarbij een conisch stukje wordt weggehaald. Conisch, tja, hoe leg ik dat uit... het is kegelvormig. Denk maar aan een ijshoorntje.'

Ah, daar is een emotie: ik moet lachen. Dat schijnen sommige mensen vaker te hebben, dat ze gaan lachen tijdens ongemakkelijke of onbekende situaties. Tot nu toe hoorde ik daar niet bij. Maar nu moet ik moeite doen om een onbedaarlijke lachbui te onderdrukken. Een ijshoorntje?!

Dokter K reageert niet op mijn gegrinnik en praat door.

'We verwijderen tijdens deze ingreep dus een kegelvormig stukje waarmee we de onrustige cellen weghalen, maar de baarmoeder blijft gewoon intact. Dit doen we via de schede en alles vindt plaats onder narcose. U voelt er dus niets van. U kunt nog gewoon zwanger worden, er is alleen een licht verhoogd risico op vroeggeboorte.'

Hij somt de feiten op alsof hij ze voorleest uit een of ander medisch lesboek. Ik weet niet of hij zich realiseert dat hier een mens van vlees en bloed voor hem zit.

'Een ijshoorntje, zei u?'

Oké, mijn brein is stuk. Is dit echt de vraag die ik wilde stellen?

'Ehm, ik bedoel,' vervolg ik, 'wat bedoelt u met "een voorstadium van baarmoederhalskanker"? Is het al kanker? Of is het nog geen kanker? Wat betekent een voorstadium?'

De dokter kijkt me aan alsof mijn vragen hem irriteren. Hij kijkt nog net niet op de klok of het wel allemaal in zijn schema past. Hij lijkt niet helemaal voorbereid op mijn vragen. Ik voel me bijna schuldig dat ik zijn betoog onderbreek.

'Het kán een voorstadium van baarmoederhalskanker betekenen. Zoals ik al zei: we doen deze ingreep uit voorzorg. Als ik zo klaar ben met de colposcopie, kunt u bij de afdeling Planning een afspraak maken. Kom nu maar in de stoel liggen.'

Ik ben te verbouwereerd om meer vragen te stellen en om een antwoord te eisen op mijn vorige. Achter het dunne gordijntje in een hoek van de kamer trek ik mijn broek en slipje uit en neem plaats in de stoel.

Ik lig wijdbeens, mijn benen rusten in hoge beensteunen. Hoe vaak ik dit ook al heb gedaan, het blijft een rare situatie: met je benen wijd, in de lucht ook nog, met je bovenlijf gekleed en je onderlijf ontbloot. Behalve mijn sokken dan, die vergeet ik steeds uit te doen en dat is ook wel lekker warm zo. Alsof het laatste beetje waardigheid in die twee sokken zit. 'Zo, hier ligt mijn poes open en bloot voor je tentoongesteld, maar ik heb nog wél mijn voeten bedekt! Die zijn van mij!'

Alles aan zo'n onderzoek is absurd. Daar lig ik dan in een topje, jasje en met kekke sokjes aan, maar met een blote poes waar de koude lucht in de spreekkamer zachtjes langs strijkt.

De dokter plaatst het speculum in mijn vagina. Hij noemt de eendenbek 'spreider' en ik denk nog: weer een nieuwe term voor mijn medische vocabulaire.

De colposcoop blijkt een apparaat van flink formaat, aangesloten op een scherm waar ik op mee kan kijken. Het voelt alsof ik naar een ziekenhuisprogramma kijk. Maar nu speel ik zelf de hoofdrol. De arts maakt mijn baarmoedermond nat met een soort azijnzuur. Het prikt. Ook het apparaat in me voelt allesbehalve aangenaam, ik klem mijn kaken op elkaar.

'Dat zuur is om de onrustige cellen goed te kunnen zien.'

Ik vraag wat onrustige cellen zijn. Zijn dat al kankercellen? Of cellen die zich een beetje gek in het rond bewegen, zich mogelijk ontwikkelend tot een dodelijke tumor? Hoe werkt zoiets en waarom zit er iemand in mijn kut te kijken zonder ook maar iets uit te leggen? Ik voel woede en recalcitrantie opkomen.

Van de dokter moet ik op het scherm blijkbaar witte vlekjes zien, maar of dat goed of slecht is, wordt me niet geheel duidelijk.

Opeens zet hij het apparaat uit en sommeert me me weer aan te kleden.

'Zoals gezegd: bij de afdeling Planning kunt u een afspraak maken voor de conisatie. Veel sterkte.'

Een handdruk rijker en met de grootst mogelijke verbijstering sta ik binnen enkele minuten weer buiten, terwijl ik voel dat ik m'n slip in alle haast binnenstebuiten heb aangedaan. Kak.

4

De emoties waar in de spreekkamer geen ruimte voor was, komen er in alle hevigheid uit aan het smalle bureau op de afdeling Planning. Erachter zit een norse oudere vrouw, een brilletje balancerend op haar puntige neus. Haar bureau is bezaaid met papieren, mappen, pennen, afspraakkaarten.

Deze afdeling 'planning' zou weleens de meest chaotische plek in het ziekenhuis kunnen zijn. Ik ben zelf nogal een planner en in een normale situatie zou ik nu al zestien ideeen hebben bedacht om deze boel op te ruimen.

Maar nu niet. Ik staar radeloos naar de puinhoop, terwijl de vrouw in de computer tuurt naar mogelijke data voor mijn ingreep. Plotseling begin ik onbedaarlijk te huilen, zonder geluid. De tranen gutsen over mijn wangen. Daar heb ik wel vaker last van, keihard huilen in totale stilte, wat overigens bijzonder handig is bij zielige films in de bioscoop.

De vrouw reageert niet. Geen aardig woord, geen schouderklopje, godverdomme zelfs geen tissue.

Daar zit ik dan, door mijn tranen te turen naar de agenda op mijn telefoon, terwijl zij eindeloos scrolt door de overvolle ziekenhuisplanning. Ze móét wel zo ongeveer weten wat er met mij aan de hand is. Ze werkt notabene op de afdeling Gynaecologie waar vrouwelijke hormonen regelmatig door de kamer gieren, lijkt me zo. Misschien heeft het haar afgestompt.

'21 juli,' buldert de vrouw dan. 'Dat is over ruim twee weken, op een vrijdag, om half negen in de ochtend. Melden op de eerste verdieping. Dagbehandeling. Noteer je dit of moet ik het voor je opschrijven.' Zoals ze dit uitspreekt klinkt het meer als een uitroepteken dan een vraagteken.

Braaf probeer ik alles zo snel mogelijk in mijn agenda te tikken, maar mijn telefoon werkt niet mee. Ik probeer het ook allemaal in mijn hoofd te verwerken maar ik geloof dat ik daar pas straks, als ik dit vreselijke bureau verlaat, meer kans op heb. Ik wil opstaan, ik wil hier weg, ik wil écht kunnen huilen, ik wil wijn. Anne zit nog volledig onwetend op me te wachten in de wachtkamer aan de ándere kant van het labyrint. Ik wil naar haar toe!

Mevrouw Planning houdt me tegen als ik opsta.

'Dat was nog niet alles. Op 12 juli heb je eerst nog een voorgesprek met de gynaecoloog. Negen uur in de ochtend. En op 19 juli heb je een voorgesprek met de anesthesioloog, want je gaat onder narcose. Dat is een poliklinisch preoperatief onderzoek en dat vindt plaats op Poliplein 4. Twee uur 's middags. Moet ik het nou nog voor je opschrijven?'

Als ik terugloop naar de hal van het ziekenhuis bel ik Anne of ze naar de koffiecorner wil komen. De bibber in mijn stem kan haar onmogelijk ontgaan. Maar ze merkt het pas echt als ze me ziet staan; een wrak tussen de cappuccino's en de pecan-karamelbroodjes waar ik zo dol op ben.

'Het is niet goed. Het is niet goed. Het is niet goed,' is het enige wat ik kan stamelen. Tranen en trillende handen maken het plaatje compleet.

Anne krijgt ook tranen in haar ogen en samen vluchten we de ziekenhuishal uit, de draaideur door, de frisse lucht in. Tegenover het OLVG, aan het begin van het Oosterpark, houden we pas halt. Op een bankje onder de bomen vertel ik haar alles wat me zojuist is medegedeeld. Ik weet het stukken mooier te brengen dan de arts, en bovendien ook met veel meer emotie.

Ons plan voor een feestelijke lunch laten we varen. Anne brengt me thuis, zet thee voor me en dan doe ik het hele verhaal nog een keer opnieuw.

5

Het is 12 juli. Met een kop koffie in de ene en mijn telefoon in de andere hand luister ik via de tv naar het nieuws van de dag. Ik ben echt een nieuwsjunkie, wil altijd alles weten en heb van diverse nieuws-apps de push-meldingen aanstaan. Ik heb zelfs een aantal jaar voor een van de grootste nieuwssites van Nederland gewerkt.

Er komt een groot regenfront aan, vijftien uur regen aan een stuk door. Passend weer voor mijn voorbereidende gesprek met de gynaecoloog, waarin ze me alles uit de doeken zal doen over de aanstaande conisatie. Gelukkig is het dokter F. Die leek tijdens mijn eerste afspraak met haar meer compassie in haar pinknagel te hebben dan die houterige Kaasschaaf in zijn hele lichaam.

Op kantoor heb ik verteld dat ik vandaag thuis werk. Naast een handjevol vriendinnen, mijn vader, Ank en mijn zus Marcella weten slechts een paar naaste collega dat er 'iets' met me aan de hand is. Maar verder heb ik het op kantoor nog niet aan de grote klok gehangen en dat laat ik even zo.

Ik moet zelf nog zoveel op een rijtje krijgen. Bovendien ben ik ook daadwérkelijk thuis aan het werk; ik schrijf artikelen over culinaire evenementen en redigeer recepten. Het is een welkome afleiding. Want als ik niet bezig blijf, poppen er steeds opnieuw dezelfde vragen in mijn hoofd op.

Het nieuws op televisie gaat verder. Voor de tweede keer vandaag hoor ik dat er een dringend tekort is aan verpleegkundigen. God, het lijkt wel alsof al het nieuws vandaag medisch is. 'Langere wachtlijsten en duurdere zorg zijn het gevolg,' zegt een expert. In *Het Financieele Dagblad* hebben zorgverzekeraars de noodklok geluid.

Opeens bedenk ik dat ik helemaal niet weet of alle afspraken die ik nu heb, wel vergoed worden. Na jarenlang een dure zorgverzekering te hebben gehad, heb ik nota bene nét eind vorig jaar alles teruggeschroefd naar een budgetpolis. Ik heb namelijk bijna nooit wat. 'Budget' vond ik klaarblijkelijk goed genoeg voor mijn lichaam.

Ik moet bijna lachen om de absurditeit van de situatie: het zondagskind dat nooit wat mankeert, heeft een voorstadium van kanker en een voordeelverzekering. Correctie: een mógelijk voorstadium van kanker. Daarover hopelijk later meer bij dokter F. Het vraagstuk 'verzekering' parkeer ik voorlopig maar even.

De ochtendprogrammering op de televisie is een eindeloze *loop* van nieuws naar weerbericht naar reclame naar nieuws naar weerbericht, en dan alles nog een keer. Eigenlijk net als de overpeinzingen en vragen in mijn hoofd die elke keer opnieuw beginnen. De televisie kan ik uitzetten. Mijn hoofd helaas niet.

Dat gepieker hield me vannacht uit mijn slaap en om vier uur besloot ik uit bed te kruipen voor een sigaret in het raam. Roken is slecht, ik weet het, maar soms geeft het me rust.

En hoe belachelijk het ook mag klinken, ik blijf het romantisch vinden, roken in het raam van mijn stadsappartement. Ik tuurde over de uitgestorven Lindengracht waarin alleen een paar merels en een verdwaalde damduif rondscharrelden. De laatste dronkaards hadden zich al uit de cafés gesleept en waren naar huis. Ik staarde naar het vuilnis dat achteloos over de stoep waaide. Zelfs de vertrouwde reiger uit mijn straat, een verdomd brutale overigens, leek te slapen. Alleen ik zat hier nog in mijn pyjamahemdje terwijl het daar eigenlijk te koud voor was, zelfs voor deze tijd van het jaar.

Later die ochtend trek ik de voordeur van mijn appartement achter me dicht. Voor ik wegloop check ik drie keer of de deur wel echt op slot zit. Het is een gewoonte, zeker nu, want ik ben zenuwachtig.

'Babysteps,' fluister ik tegen mezelf, gooi niet alle zorgen op één grote hoop. Ik heb geleerd dat het helpt om de dingen in stukjes op te delen. In mijn hoofd som ik ze op:

Vandaag is alleen een gesprek.

Er wordt nog niets gedaan, niet gesneden of anderszins onderzocht, alleen gepraat.

Dokter F ken je al. Ze is aardig en meelevend.

Het kan nooit langer dan een half uur duren. Het is een ziekenhuis, tijd is geld. Tenzij er wel wat onderzocht wordt. Maar dat is vandaag niet aan de orde.

Toch?

Opnieuw slaat de twijfel toe. Ik weet eigenlijk helemaal niet of dit alleen een gesprek is. Sterker nog, ik weet niet eens of het met dokter F is. Mevrouw Planning zei alleen: 'Op 12 juli heb je een voorgesprek met de gynaecoloog om negen uur in de ochtend.' Dat is alle informatie die ik me nog kan herinneren. Moet ik misschien toch weer met mijn benen de lucht in? Ik twijfel nu zelfs aan de meest simpele termen. En o, goeie God, laat het dokter F zijn, en niet Kaasschaaf.

6

Om hulp vragen is niet mijn sterkste kant. Ik kan het wel, maar vaak voel ik me dan achteraf zo bezwaard, dat ik er dus bij voorbaat al van afzie. De vorige keer, bij die colposcopie, had ik Anne meegevraagd omdat we daarna nog gezellig zouden gaan lunchen. Toen het allemaal anders liep voelde ik me schuldig, ook omdat ze zo lang had moeten wachten. Terwijl ik verdorie een van de ergste uitslagen van m'n leven kreeg! Dat lag niet aan haar: zij was geduldig en ontzettend lief. Ik worstel in veel situaties met schuldgevoel: Sorry dat je moest wachten. Sorry dat ik huil. Sorry dat we nu geen wijn meer gaan drinken. Sorry dat ik denk dat ik kanker heb.

Vandaag ga ik alleen naar mijn afspraak. Het voorgesprek blijkt gewoon een gesprek. *Thank God.* Ook is het inderdaad met dokter F en ze is nog liever dan de vorige keer, neemt alle tijd voor me en legt zo veel mogelijk uit. Misschien verbeeld ik het me, maar het voelt alsof ze extra met me meeleeft omdat ze ook nog best jong is. En een vrouw. Volgens mij komt ze ook uit het zuiden van het land, ik hoor een accentje. We hadden zussen kunnen zijn.

Ik vraag me af of ze extra met me meeleeft, misschien heeft ze thuis al nagedacht over mijn diagnose, omdat ik een vrouw van ongeveer gelijke leeftijd ben. Maar misschien acht ik mezelf ook te belangrijk en is ze gewoon voor al haar patiënten zo ontzettend lief en bezorgd. Feit blijft dat ze me een goed gevoel geeft en op dit moment is dat alles wat ik nodig heb.

Maar dan komt de klap, tussen neus en lippen door. Dokter F spreekt niet over 'mogelijk'. Zij heeft het voortdurend over een voorstadium van kanker.

Als ik haar probeer te vertellen dat Kaasschaaf het vorige week wat voorzichtiger formuleerde, net voordat hij de microscoop in me duwde, kijkt ze me met een schuin hoofd aan.

'Dat is dan niet goed gebracht en dat spijt me ontzettend.'

Ik weet niet of ik ooit zo'n welgemeend en oprecht uitgesproken excuus heb gekregen.

'Er is een voorstadium van baarmoederhalskanker bij je aangetroffen. Deze onrustige cellen, of slechte cellen, moeten we zo snel mogelijk weghalen, voordat ze zich kunnen verspreiden. We zijn er vroeg bij, maar we moeten wel gauw die conisatie doen.'

'Ik begrijp het niet...' stamel ik. 'Ik had PAP I bij de huisarts. Er was niets aan de hand, alles was normaal. Hoe kan ik een paar weken later dan opeens dit hebben? Komt dat allemaal uit dat kleine fliebertje dat jullie eruit hebben gehaald?'

'Inderdaad, uit dat biopt is gebleken dat je tóch CIN 3 hebt, oftewel afwijkende cellen. In dat geval spreken we niet meer van PAP, maar van CIN. In geval van CIN 3 adviseren we altijd een behandeling. Je hebt waarschijnlijk nog geen kanker, maar als we nu niets doen, bestaat de kans dat zich dat wel ontwikkelt. Wees alsjeblieft niet te ongerust, de meeste vrouwen met CIN 3 krijgen nooit baarmoederhalskanker, ook als zij niet worden behandeld. We doen dit echt volledig uit voorzorg. Je bent tenslotte pas achtentwintig!'

Ik denk aan de geruststellende woorden van mijn huisarts die nu als een mislukte grap klinken: 'Baarmoederhalskanker kan het niet zijn, want je bent pas achtentwintig.' *Yeah, right.*

'Maar wat ik echt niet begrijp,' blijf ik stug volhouden, 'is hoe je van een perfecte PAP 1 naar een onrustbarende CIN 3 kunt gaan. Eerlijk gezegd... *what the fuck*?! Is dat uitstrijkje soms niet goed uitgevoerd?'

'Lastig te zeggen.' Ze blijft diplomatiek. 'Heel soms, echt héél soms, klopt een uitstrijkje niet. Echt één op de zoveel miljoen. Daarom is het ook zo goed dat je naar ons toe gekomen bent en bent blijven doorzoeken naar de oorzaak van je bloedingen. Als je die bloedingen niet had gehad, hadden we dit misschien pas veel later ontdekt.'

Voor het eerst die week vóél ik weer, sinds de huilbui bij de afdeling Planning. Daarna ben ik op de automatische piloot doorgegaan met leven en werken. In mijn agenda heb ik niets geschrapt, niemand afgezegd. Ik heb een Disneymiddag met de film *Frozen* gehouden samen met vriendin Tess en haar dochtertje. Ik ben uit eten gegaan bij Wyers, een nieuw restaurant met stoere gerechten in het vernieuwde Kimpton De Witt-hotel. Ik ben gaan boksen met mijn personal trainer en op dinsdag ben ik na een lange werkdag, waarin we de nieuwe videoconcepten voor Culy hebben besproken, nog uitgebreid wijntjes bij diVino gaan drinken met Kim, een kennis met wie ik ooit voor Culy samenwerkte.

Aan de mensen die ik 'geüpdatet heb met het nieuws', zoals ik het in mijn hoofd heb gecategoriseerd, heb ik dat met de nodige sarcastische *side-notes* gebracht. Zo ook gisteravond bij Kim toen ik haar in bedekte termen vertelde over Kaasschaaf en mevrouw Planning met haar geëxplodeerde bureau. Ze zei: 'Wat een heftig verhaal. Maar laten we proosten op het leven', en we hieven onze glazen en knabbelden de borrelplank leeg.

Hoe je iets brengt, bepaalt vaak de reactie die je terugkrijgt. Omdat ik het zo niet-verdrietig breng, krijg ik ook redelijk luchtige reacties. Wel bezorgd, natuurlijk, want guttegut het is me wat, maar de sfeer blijft verrassend goed. Veel vragen, weinig schrik. Of misschien houden mijn vrienden mogelijke angstgevoelens net zo goed verborgen als ikzelf. Dat kan natuurlijk ook. Omdat ik ze geen ruimte geef om die te delen, omdat ik zelf zo stoer loop te doen. Waarom doe ik dat?

Zwarte humor is mijn specialiteit. Als je me van een afstandje zou horen of me niet zo goed zou kennen, zou je denken dat dit precies is hoe ik me voel. Ach, die celletjes, en we gaan er weer tegenaan. Die ene actrice, die aan chemo zat, zag er ook mooi uit met kort haar? Ha ha ha. En dat ijshoorntje, dat is toch om te gillen? Daar neem ik mooi een tattoo van als alles achter de rug is.

Natuurlijk voel ik meer. Onder al mijn grappen en grollen en we-zullen-doorgaan-mentaliteit zit pijn en angst. Maar dat realiseer ik me later pas.

Ik besluit het mysterie rondom de perfecte PAP-uitslag naast me neer te leggen. Daar valt toch niets meer aan te doen. Babysteps, en de volgende stap is de conisatie.

Dokter F gaat door: 'De ingreep vindt plaats op onze afdeling Dagbehandeling. We opereren je 's ochtends, onder algehele narcose. Na het uitslapen en bijkomen mag je waarschijnlijk 's middags weer naar huis. Zoals mijn collega vorige week al heeft uitgelegd: van de baarmoederhals halen we een kegelvormig stukje weg. Je krijgt geen uitwendig litteken, want we opereren via de vagina.'

Terwijl ze het zegt voel ik steken in mijn kruis.

'Ik wil je wel graag voorbereiden op wat je na de ingreep kunt verwachten. Want al is het een zeer korte operatie en komen er eigenlijk vrijwel nooit complicaties voor, de nasleep kan wél heftig zijn.'

Dit is hoe ik het prettig vind: ik wil niet dat ze het voor me *sugarcoaten*. Liever goed voorbereid en bang voor wat komen gaat, dan onwetend en banger omdat ik niet weet wat er mogelijk allemaal kán gebeuren.

'Na de conisatie plaatsen we een soort tampon in de schede, vanwege het bloedverlies. Het is natuurlijk een wond en die zal moeten helen. Daarom krijg je ook een katheter in je blaas, plassen gaat eventjes via die slang. De tampon en de katheter worden meestal na enkele uren verwijderd, als je een beetje kunt lopen en het weer lukt om zelfstandig te plassen.'

Wauw. Dit is inderdaad wel even wat anders dan 'even een ijshoorntje uit je snijden'. Een beetje kunnen lopen? Zelfstandig plassen? Een wond in mijn vagina? Ik had het niet écht rooskleurig ingeschat, maar dit is andere koek.

Helaas is ze nog niet klaar.

'Vaak brengen we ook een soort lang stuk gaas in de schede in. Dat moet eventuele extra bloedingen stoppen. Deze komt daarna als een soort bruine prop uit je, daar helpen we je wel mee. Na de conisatie verlies je zeker een week, soms nog langer, bloederige afscheiding. Dat wordt vanzelf minder. Mocht je abnormaal veel bloedverlies hebben, laat het ons dan weten. Hetzelfde geldt voor koorts, altijd bellen als je dat krijgt.'

Ik probeer notities te maken het in mijn hoofd. Het is zoveel. Mijn telefoon ligt ergens onder in mijn tas. Had ik dit allemaal moeten opnemen met de dictafoon-functie? Shit, waarom ben ik nou alleen naar deze afspraak gegaan?

'Tot slot moet ik je zeggen dat je de eerste zes weken niet mag zwemmen, niet in bad mag en ook niet naar de sauna. Ook seksueel contact raden we de eerste zes weken af.'

Het duizelt me en bovendien kan ik ontzettend slecht tegen 'dingen die niet mogen'. Ik word er recalcitrant van, als een kleuter die maar blijft proberen tóch zand uit de zandbak te smijten.

'En na deze conisatie,' begin ik voorzichtig, 'zouden alle slechte cellen weg moeten zijn? Of, nou ja, die onrustige?'

Het gezicht van dokter F oogt positief. 'Daar gaan we wel van uit.'

Haar optimisme werkt aanstekelijk en mijn angstgevoelens zakken een beetje weg. Zie je nou wel, het is gewoon een kleine ingreep, even een paar weken herstellen, en daarna ben ik overal vanaf. Ik stel me maanden vol lol en seks voor die op me staan te wachten als dit voorbij is, als een pot goud aan het einde van de regenboog.

'Na de ingreep onderzoeken we het stukje dat is weggehaald direct in ons lab. De snijranden moeten schoon zijn; daarmee bedoel ik dat we geen kankercellen aantreffen aan de randjes van het weggehaalde weefsel. Want als dat het geval is, zit het vaak ook nog in je lichaam. En daar moet dan wederom wat aan gedaan worden. Nogmaals,' ze kijkt weer lief, 'daar gaan we niet van uit. Deze ingreep is in de meeste gevallen echt afdoende. Twee weken na de ingreep hebben we een gesprek en dan nemen we alle resultaten met je door.'

Ik knik. Ik hoor dat de dokter begint af te ronden. Logisch, want we zitten ook al ruim over het half uur heen. Ze trekt duidelijk tijd voor me uit.

'Tot slot wil ik het nog even met je hebben over een eventuele kinderwens.'

Ik slik.

'Ik weet natuurlijk niet of je daar al over hebt nagedacht, of je een relatie hebt waar dit een onderwerp van gesprek is. Na deze ingreep blijf je absoluut vruchtbaar, al is in sommige gevallen de kans op een vroeggeboorte wel wat hoger. Sowieso zul je, als je zwanger bent, medisch begeleid worden in het ziekenhuis. Als je zwanger zou...'

'Ik heb geen kinderwens.'

Het komt er sneller en harder uit dan de bedoeling was.

'Ehm, sorry. Dat kwam er een beetje bot uit...'

Nou ja, hoe zeg ik dit volgens de wetten van de sociale wenselijkheid. Het blijft iets raars, je verontschuldigen voor een niet-bestaande kinderwens, je überhaupt verontschuldigen voor iets wat volledig jouw eigen keus is en zou moeten zijn. Wat is dat aan mensen, vrouwen vooral, die daar eindeloos excuses voor gaan zitten maken? Vrouwen zoals ik?

'Ik heb het gewoon eigenlijk niet. Een kinderwens. Ik ben dol op kinderen hoor,' – ah, daar ga ik weer – 'maar ik hoef ze zelf niet. Ik heb nu geen relatie en ik zie het in de toekomst ook niet gebeuren als ik die wel weer heb. Dit gedeelte kunnen we overslaan.'

Zo, dat is eruit. Ik geef de dokter een ferme hand en loop naar buiten. Frisse lucht.

7

Op de fiets van Amsterdam-Oost terug naar de Jordaan probeer ik alles op een rijtje te zetten. Ik heb een goed geheugen en verwerk nieuwe informatie snel, maar vandaag zit mijn hoofd vol. Tijdens de fietstocht, tussen twee buien door, moet ik denken aan iets wat mijn moeder altijd zei op een regenachtige dag: 'Laten we even op een droge bui wachten.'

Mijn vader, moeder, zus en ik: allemaal hebben we iets met taal. Met Sinterklaas was het dichten bijna een wedstrijd, iedereen stopte er z'n ziel en zaligheid in. Veel woorden werden in ons gezin expres gek verbasterd; roomboter werd 'boomroter', Sneeuwwitje werd 'Weefsnitje'. Gingen we op vakantie, dan noemden we het huisje 'de hut' en ook de auto kreeg steevast een eigen naam. Jarenlang reden we in een zwarte Mazda die we 'Kit' noemden, naar de serie *Knight Rider*.

Mijn vader is mijn alles, we hangen minstens drie keer per week aan de telefoon met elkaar en ik zie hem zeker één of twee keer per maand. Vaak komt hij naar Amsterdam om lekker bij te kletsen, en dan neemt hij altijd een fles witte wijn mee uit zijn voorraad die hij twee keer per jaar aanvult als hij op wijnreis naar Frankrijk gaat. Hij bottelt ze zelf en door de jaren heen is hij gestopt met er etiketten op te plakken, maar ik weet altijd dat het goede is. Vaak gaan we naar bijzondere restaurants, want mijn liefde voor eten heb ik van hem. Soms ga ik een weekend naar hem toe in Brabant, om lekker met hem en Ank in hun grote leefkeuken te zitten en ontelbaar veel worstenbroodjes te eten. Of we maken een lange wandeling met hond Woody door het bos of in het park achter zijn huis, terwijl we eindeloze gesprekken voeren over alles en niets tegelijk. We lachen om mijn harde en zijn talige grappen.

Mijn moeder zie ik niet meer. Al ruim vijf jaar niet. Nadat ze de scheiding met mijn vader had aangevraagd en verder ging met haar nieuwe vriend, heb ik nog een paar jaar geprobeerd goed contact te houden. Voor de scheiding waren we close, bijna als vriendinnen. We deelden alles, gingen regelmatig naar de sauna, lunchen of een nieuwe stad ontdekken. We hadden het altijd goed, maar het lukte me niet om contact met haar te houden in de door haar gekozen nieuwe context. Laat ik het erop houden dat ik het geprobeerd heb, op alle mogelijke manieren.

'Het is toch je moeder,' zeggen mensen weleens tegen me. Maar zo voelt het niet meer voor mij. Uiteindelijk bleek er geen vorm voor onze relatie te vinden waarbij ik ook gelukkig was. Waarbij ik me begrepen voelde, mijn eigen ruimte kreeg. Er was geen compromis of gulden middenweg, het was haar manier waarop ik het onderspit delfde, of geen manier. Hoe hard het ook klinkt, het is inmiddels goed zo. Ik heb er op dagelijkse basis steeds minder 'last' van. Men moet maar van me aannemen dat zoiets niet komt omdat ik een hart van staal heb.

Maar tijdens het fietsen, in die droge bui, overvalt het gemis me. 'Wat doe je als je moeder ziek wordt? Of jij? Of je gaat trouwen, of je krijgt een kind? Houd je dan nog steeds de boot af?' Zulke vragen zijn me regelmatig gesteld. En nu zit ik opeens midden in zo'n situatie.

Wat moet ik doen? Ik ben ziek, maar voel me niet ziek. Ben ik het aan haar verplicht om het te melden, na alles wat er tussen ons is gebeurd? Ik weet wél dat het mijn leven nog een tandje zwaarder zou maken als ik haar weer zou toelaten. Ik kan het er niet bij hebben.

Vanavond ga ik met vriendinnen sushi eten en wijn drinken. Een heerlijk meidencliché. De afspraak stond al eventjes, het ziekenhuis kwam er tussendoor gesuisd. Moet ik het gewoon door laten gaan?

Ik heb de vreemde eigenschap dat ik enerzijds sociaal supergoed ben; ik klets moeiteloos, stel veel oprecht geïnteresseerde vragen en veel mensen voelen zich bij mij op hun gemak. Aan de andere kant vind ik vriendschappen en sociale situaties vaak enorm lastig. Dat heeft vooral te maken met dat ik niets fout wil doen, mensen geen vervelend gevoel wil geven. Mezelf natuurlijk ook niet. Dat zal iets van vroeger zijn.

Op de basisschool was ik nogal een eenling en werd ik vaak gepest. Ik herinner me hoe ik dacht één beste vriendin te hebben, eindelijk eentje die echt om me leek te geven, maar dat zij achter mijn rug om mijn geheimen door bleek te brieven aan klasgenootjes. Om zelf ook weer een goede beurt te kunnen maken en in aanzien te stijgen in de voor mij zo onnavolgbare hiërarchie die een school vaak kent.

Ik weet nog dat ik dacht een hippe broek te hebben gekocht, een baby-blauwe fluwelen broek met uitlopende pijpen. Ik had er speciaal voor gespaard en daarna mijn moeder meegesleurd naar Eindhoven, de grote stad met de mooie winkels. De hele dag voelde ik me fantastisch in mijn stoere CoolCat-broek. Totdat de grootste pester tijdens de les handenarbeid een stuk blauwe stof uit de voddenbak omhoog hield en riep: 'Dit lijkt wel de broek van Monique!' en de hele klas in lachen uitbarstte, de juf incluis. Thuis heb ik de broek meteen weggegooid en het duurde jaren voordat ik me weer zeker voelde in opvallende kleren.

Inmiddels heb ik genoeg vrienden, echt een paar goede bovendien, maar ik blijf twijfelen. Of ik het wel allemaal goed doe, of ze me wel mogen, of ik niemand tot last ben. Maar als je me ziet merk je daar niks van. Zo zit ik altijd vol goede verhalen en kan ik daar urenlang over vertellen. Mijn vrienden zeggen dat ze dat leuk vinden, moedigen me aan, maar soms is het opeens genoeg. Dan heb ik het gevoel dat ik te veel heb gepraat, dat ze genoeg hebben van mijn geklets. Ik vind het lastig om daar een middenweg in te vinden, en kan me vreselijk onzeker voelen.

Dit ongelukkige geschipper van mij tekent deze avond met mijn vriendinnen. Ik heb zin in lol, ben nieuwsgierig naar de nieuwe baan van Esmé en wil alles weten over de vakantie van Liselotte. Maar ik heb ook de behoefte om te delen wat ik vandaag allemaal heb meegemaakt. Ik ben er ondersteboven van en wil het van me af praten. Ik heb mijn vriendinnen nodig om alles wat nu op me afkomt beter op een rijtje te kunnen zetten.

Door mijn zorgen te delen met anderen houd ik mezelf *sane*. Iedere keer als ik er met een goede vriendin over praat wordt de situatie lichter in mijn hoofd. Zouden andere mensen die ziek zijn dit ook hebben? Ik hoor juist vaker over mensen die alles wegstoppen. Die er beter mee kunnen dealen als slechts een klein clubje het weet, misschien maar één persoon. Ik voel me niet eens ziek en toch merk ik dat ik het nu al aan zo veel mogelijk mensen wil vertellen, of dat nou de buurvrouw is of mijn vader.

De vraag is alleen of mensen erop zitten te wachten. Moet ik er wel steeds over praten? Ik ben bang dat ze me een aansteller vinden, een dramaqueen die weer eens met een sterk verhaal moet komen, die aandacht zoekt. Het is toch een beetje alsof je op de verjaardag van je tante opeens Nirvana door de stereo laat schallen.

'Hai, gefeliciteerd, wat een leuk huis, goh, naar Toscane op vakantie? Hier gaat alles top, behalve dat ik misschien *kanker* heb.'

We zitten bij een van de meiden thuis en bestellen Japans bij een nieuwe tent die enorme sushi-burrito's maakt en die we allemaal wel willen proeven.

Gelukkig hebben we genoeg, want onverwacht schuiven er twee andere meisjes aan die ik niet ken. Op een of andere manier krijg ik het nog voor elkaar om vanavond lol te hebben, we spelen een spel en zijn allemaal bloedfanatiek. Het is lol die ik hard nodig heb.

Ik besluit om niets te vertellen over mijn bezoek aan dokter F eerder op de dag. Hier zitten zij sowieso niet op te wachten. Mijn eigen vriendinnen vragen er ook niet naar. Zijn ze mijn afspraak vergeten? Ik weet eerlijk gezegd ook niet meer of ik het wel heb verteld.

Maar als ik terug naar huis fiets stromen de tranen onverwacht hard over mijn wangen.

8

Woensdag 19 juli. Overmorgen vindt de conisatie plaats, maar eerst word ik weer in het OLVG verwacht voor het voorgesprek met de anesthesioloog. Dat schijnt standaard te zijn als je onder narcose moet – ik vind het inefficiënt en irritant, er wacht nog een berg werk op me en ik weet niet hoeveel ik de komende weken gedaan zal krijgen.

Nu het nog kan wil ik zo veel mogelijk doen op kantoor. Het eerste en tweede kwartaal van Culy moeten financieel doorgesproken worden. Er is een nieuwe HR-manager die een kennismakingsgesprek wil inplannen. We nemen nieuwe receptvideo's op en er lopen meerdere commerciële samenwerkingen. Geen samenwerkingen betekent geen geld op de bank. Klanten en reclamecontracten zijn daarom heilig, en ze wachten op niemand. Culy is een sterk merk en niemand, zowel de websitebezoeker als de adverteerder, hoeft te weten dat de drijvende kracht achter dat alles straks hoogstwaarschijnlijk thuis met een koelelement tussen haar benen de website draaiende houdt.

Note to self: misschien moet ik een nieuwe laptop kopen die wat lichter op m'n schoot ligt. Of zo'n speciaal rekje voor over je benen, wel zo prettig voor in bed of op de bank. Gelukkig heb ik ook nog personeel op kantoor zitten, zonder hen zou ik het al helemaal niet redden.

De gedachte aan geen vast contract, geen pensioenopbouw en al helemaal geen arbeidsongeschiktheidsverzekering druk ik als geroutineerde zelfstandige diep, héél diep weg. Latere zorg.

Voor de zoveelste keer in een korte periode parkeer ik mijn fiets bij het grote terracottakleurige gebouw aan het Oosterpark. Niks geen strak stucwerk of moderne architectuur, de buitenkant is gewoon van baksteen. Een breed, degelijk pand – een eenvoudig stadsziekenhuis, zo ziet het eruit. Rond de ingang aan de voorzijde staan vier oersimpele zuilen, met een reusachtig doek gespannen tussen de twee middelste pilaren, waarop 'Welkom bij OLVG, locatie Oost' staat. Want ja, waarom zou je een keurig bord op een gevel monteren, als je ook gewoon met gigantische tiewraps een doek op kunt hangen? Heerlijk nuchter Amsterdams, alleen voel ik me verre van nuchter. Ik voel me nerveus. Gaan ze me hier helpen? De anesthesioloog mag me zo gerust gaan stellen, die heeft tenslotte de moeilijkste functienaam van alle artsen die ik tot nog toe gesproken heb.

De arts die het poliklinisch pre-operatief onderzoek uitvoert blijkt een zij, met een voorkomen en een naam die ik alweer vergeten ben zodra ik de deur uit loop. Ze stelt me de vragen die ik vooraf ook op een gigantische vragenlijst heb moeten invullen. Weer erger ik me aan de inefficiëntie. Waarom moet ik alles twee keer beantwoorden? Ze heeft nota bene het papierwerk voor zich liggen.

Ik moet het loslaten. Ik móét gaan accepteren dat ziekenhuizen wel bedrijven zijn, maar dat alles er weinig doelmatig wordt aangepakt. Telefoontjes gaan van het kastje naar de muur, afspraken worden lukraak ingepland zonder enig besef van handige datum- en tijdcombinaties. Artsen zijn slecht bereikbaar, assistenten weten maar de helft en verhalen moeten tien keer worden verteld voordat ze weten wat ik bedoel. En vooral: je moet alles steeds opnieuw bespreken, bij iedere arts opnieuw – en dat terwijl iedereen hetzelfde dossier in de computer voor z'n snufferd heeft staan.

Enfin, de anesthesioloog en ik nemen braaf de vragenlijst door. Hoeveel alcohol ik nuttig, hoe gezond ik verder ben, of ik allergieën heb. Ik vraag me af in hoeverre het narcosemiddel op mijn antwoorden wordt aangepast. Stel nou dat ik zeg dat ik nooit drink, krijg ik dan wat anders dan wanneer ik het vakje bij '8 tot 10 glazen per week' inkleur?

In de tussentijd bedenk ik nog duizend-en-een vragen over de ingreep die ik over twee dagen moet ondergaan. De anesthesioloog houdt het kort, ze wil het alleen hebben over de dingen op haar scherm. Ik moet het ermee doen. Over ongeveer veertig uur is het zover, dan word ik een operatiekamer in gerold, in slaap gespoten en worden er verkeerde cellen uit me gesneden. In de vorm van een ijshoorntje, dat dan weer wel.

9

Mijn lievelingscijfer is 21. Een 'geluksgetal', zo je wil. Ik til er niet te zwaar aan, maar ik vind het wel leuk om erop te letten en er af en toe een beetje houvast aan te hebben. Het getal 21 voelt veilig. Zo van: met deze huurfiets ga je niet vallen, want het fietsnummer 21 staat op het achterspatbord.

Het getal duikt overal op in mijn leven, al van kinds af aan. Als huisnummer, in een pincode, op het labeltje dat je bij de slager uit zo'n rode paal trekt. Als ik 's avonds op een digitale klok kijk, geeft het display negen van de tien keer 21.21 aan. Mijn vader en ik heb er inmiddels een spelletje van gemaakt om, als dit 's avonds gebeurt, de ander een berichtje te sturen: '21.21'. Verder niks. Als ik in een random botsautootje op de kermis zou stappen of een hotelkamer zou boeken, is de kans groot dat ze me 21 geven. Geen idee hoe het komt.

Vandaag is het 21 juli.

Papa haalt me thuis op. Ik voel me een beetje bezwaard omdat hij helemaal vanuit Brabant naar Amsterdam is komen rijden. Hij verzekert me er op nuchtere toon van dat er weinig dingen belangrijker zijn dan de operatie van je dochter. Ik geloof dat hij wel gelijk heeft.

We melden ons om stipt half negen bij een soort loketje op de afdeling Dagbehandeling. De norse dame achter het raampje gebiedt mij en mijn vader te gaan zitten.

'Je wordt zo opgehaald.'

De spanning giert door mijn lijf. Ik heb last van vreselijke plankenkoorts en bij mij uit zich dat steevast in blaas- en darmproblemen. Vanochtend heb ik al drie keer diarree gehad en ik voel dat het zo nog een keer gaat komen. Ook ben ik al minstens veertien keer gaan plassen. Hopelijk scheelt dat straks een beetje met de katheter, zo'n lege blaas. Elk nadeel heb z'n voordeel.

Niet veel later lig ik in een hemelsblauw gewaad in een verrijdbaar ziekenhuisbed. De jurk is aan alle kanten veel te ruim – *one size fits nobody well.* Straks word ik vanuit deze kamer, een incheck- en uitrustplek, weggereden naar de OK.

Het wachten duurt lang. Mijn vader zit naast het bed. Eerst kletsen we nog wat, mijn vader vult een sudoku in met een pen die bijna leeg is. Ik rommel wat op mijn telefoon. Ik ben vroeg opgestaan en heb van ellende al zoveel stomme spelletjes gespeeld, dat mijn mobieltje bijna leeg is. Helaas zit het stopcontact te ver weg en is het kabeltje van mijn oplader te kort om van het stopcontact bij het bed te komen. Ik laat mijn telefoon daarom maar aan het kabeltje bungelen, buiten handbereik. Dan maar even niks.

Tegenover me is een zwangere dame komen liggen, volgens mij wordt ze straks ingeleid, of krijgt ze misschien een geplande keizersnede. Naast haar, gescheiden door slechts een dun katoenen gordijn, ligt een oudere vrouw in eenzelfde verrijdbaar ziekenhuisbed. Misschien krijgt zij wel dezelfde operatie als ik, of wie weet een ergere.

Assistenten en verpleegkundigen lopen af en aan. Uiteindelijk komt er eentje aan mijn bed die wat praktische dingen met me doorneemt. Ik laat me maar meevoeren op de stroom van vragen en mededelingen die ze op me afvuurt. Hier valt niet tegenop te zwemmen. Hij wil het niet laten merken, maar ik zie dat mijn vader ook nerveus is. Vaders blijven sterk. Zijn knokkels kleuren langzaam wit. We zeggen niets en hopen alles. Dan word ik opgehaald.

Voor het eerst in mijn leven word ik onder volledige narcose gebracht. Ik heb weleens een roesje gehad, als kind toen mijn neus- en keelamandelen werden 'geknipt'. Maar zo bij vol bewustzijn voelt dat toch apart.

Met bed en al word ik de operatiekamer in gereden. Meerdere mensen staan om me heen, het is me niet geheel duidelijk wie wie is. Ik schud handjes, probeer iets te onthouden, de vragen goed te beantwoorden. Een voorbeeldige patiënt te zijn.

Er wordt me naar mijn bloedgroep gevraagd, volgens mij is het de anesthesioloog die het wil weten. Ik antwoord dat ik dat niet weet. Of weet ik het wel, ben ik stiekem al half onder narcose en kan ik niet meer helder nadenken? Nee, ik ben er nog. Ik weet het gewoon echt niet.

'Je bloedgroep is A-negatief,' zegt iemand vanuit een hoek van de kamer, die het blijkbaar heeft opgezocht.

'Dat ga ik onthouden!' roep ik monter. De situatie is er niet naar, om monter te zijn, maar ik doe het toch. Ik wil er een handgebaar bij maken, alleen zitten er te veel slangetjes aan me om echt een statement te maken.

De anesthesioloog lacht. 'Niet vervelend bedoeld, maar dikke kans dat je dit straks niet meer weet. Ik heb nog geen narcosemiddel toegediend, maar vaak kan de patiënt zich ook de minuten ervoor niet meer herinneren.'

Ik kijk hem uitdagend aan, het is best een knappe vent. 'Wedden?' zeg ik. Dat woord is het laatste dat ik me later zal herinneren.

In de uitslaapkamer ben ik niet wakker te krijgen, wordt me later verteld. Het eerste dat ik voel, is hoe iemand een perenijsje tegen mijn lippen duwt. Het is koud, zoet, nat.

Ik blijk de laatste in de recovery, een grote ruimte waarin allerlei patiënten liggen die langzaam wakker worden na hun operatie. In mijn hand zit een infuus, vastgeplakt met een sticker. De slang zit vast aan een monitor naast me, net als in de film. Later leer ik hartslag, bloeddruk, zuurstofgehalte en temperatuur te onderscheiden, nu denk ik alleen maar: ik wil naar huis. Ik moet dat vieze perenijsje niet, ik wil naar mijn vader, naar mijn eigen bed, ik wil niet hier zijn.

Langzaam komt het gevoel in mijn lijf en de kracht in mijn hersenen terug. Ik voel geen echte pijn, wel een zeurende beurse plek tussen mijn benen. Het voelt bijna als een aanranding.

De vrouw aan wiens hand het perenijsje blijkt te zitten, zegt dat ik nu toch écht wakker moet worden.

'Zo is het wel genoeg geweest, mevrouw Van Loon.'

Ik ben te gaar en te stoned van de narcose om te begrijpen of ze een grapje maakt. Ze kijkt er serieus bij, dus ik geloof dat ze het meent.

Niet veel later rijdt ze mijn bed de lege recovery uit, de gang op, terug naar de afdeling waar mijn vader nog steeds op dezelfde plek zit. Het zwangere meisje ligt er nog, de oudere mevrouw is weg. Het sudoku-boekje ligt in de prullenbak. In mijn hoofd is het drie dagen later, maar in werkelijkheid zijn er slechts twee uurtjes verstreken, het is nog niet eens lunchtijd.

De ogen van mijn vader worden groot en vochtig als hij me ziet. Ik zie angst en opluchting in zijn blik. Hij pakt mijn hand, wat onhandig gaat, het infuus zit in de weg en wordt een beetje in m'n huid verschoven. Het begint blauw te worden rondom de plek waar de naald in mijn vlees is geboord, ik vraag me af of dat de bedoeling is. Mijn vader ziet het en knijpt in mijn andere hand waar geen slang aan zit. Ik slik.

'Alles is goed gegaan hoor,' fluistert de verpleegkundige, zowel tegen mijn vader als tegen mij. Ondertussen pakt ze de zak met vloeistof, ik gok dat er pijnstilling in zit of gewoon vocht, die op het bed ligt en hangt hem op aan een haak aan het plafond. Er zit een rood dingetje tussen mijn hand en de zak aan de lijn, het lijkt wel een noodknopje. Maar het echte noodknopje zit aan de andere kant van mijn bed, vlak bij het kastje waar een glas water op staat.

'Ik zal even een warme deken voor je pakken en nog wat extra pijnstilling toedienen,' zegt ze. 'Strakjes komen we het gaas uit je halen en de katheter uit je blaas verwijderen, als dat tenminste gaat.'

Heb ik een katheter in?! Godskolere, nu snap ik waarom mijn kruis voelt alsof het in de fik staat. Zit er een slang in mijn plasbuis? Of in mijn vagina? Waar zit die, waarom ben ik dit vergeten, waarom snap ik dit soort dingen niet? Ik ben achtentwintig, heb het vwo afgerond en weet niet hoe een blaas werkt, of een katheter. Weten andere mensen dit wel? Ben ik dom als ik dit aan de verpleegster vraag?

Maar ze is al weg. Ik ben nog een beetje te suf om echt lang te praten, maar ik maak een grapje en mijn vader lacht oprecht. Een andere verpleegster, of misschien is ze van de catering, komt vragen of ik iets wil eten. Er is niet eerder een moment in mijn leven geweest dat ik minder zin had om voedsel tot mij te nemen.

'Doe maar een cracker, alsjeblieft,' mompel ik. Meer om welgemanierd te zijn, dan dat ik er echt zin in heb.

Catering is natuurlijk een groot woord. Ziekenhuisvoer is een betere term. Ze komt terug met een dienblaadje met daarop twee Wasa-crackers, De Ruijter-jam – een kuipje bosbessen, een kuipje aardbeien – en Becel-margarine. De Nederlandse voedselindustrie doet hier goede zaken.

Ik probeer wat jam op de cracker te smeren, maar bij elke beweging rukt de plakker op mijn linkerhand aan het infuus. Binnenin me voel ik het trekken. Dan maar geen eten, veel trek heb ik toch niet. God, wat doet mijn kut zeer. Hoelang zou zo'n katheter moeten blijven zitten?

'Pap, ik heb een katheter in me,' zeg ik. Mijn stem klinkt nog *slurry*. Het zwangere meisje tegenover me kijkt op van haar boek, deze kamer is een klankkast. We horen hier elke kuch, persoonlijke mededeling of ranzigheid van elkaar. Het kan me even niets schelen.

'Ik zie het,' antwoordt hij droogjes. 'Er zit een slang vast aan een zak die naast je bed hangt.'

Ik schrik. Er is weinig dat ik niet met mijn vader deel, maar het idee dat hij mijn plas kan zien, gaat me wel een beetje ver.

'Is het... een transparante zak? En zit er ook wat in?'

Hij knikt en moet lachen.

'Ja, er zit een beetje in.'

Ik ben zo nieuwsgierig hoe het eruitziet, dat ik probeer mezelf een stukje op m'n zij te rollen, zodat ik naast het bed kan gluren. Bij elke beweging brandt mijn kruis fel. Ik zie de zak hangen en inderdaad, er druppelt langzaam knalgele plas in. Drup, drup, drup. Ik voel niet eens dat ik plas en toch drupt het, vrij fanatiek nu zelfs. Dit is bizar. Mijn eigen zak spa geel.

Het half uur daarna blijven we maar een beetje wachten. Het meisje tegenover me moet hevig overgeven, ik ben blij dat ik de cracker niet heb kunnen eten, anders was-ie er nu vast uit gekomen. Mijn mond is intens droog en ik voel me stoned, wil de hele tijd over mijn lippen likken. De letters dansen op het scherm van mijn telefoon die ik er alsnog recalcitrant bij heb gepakt.

In het bed naast me komt een meneer te liggen, een heel oude en hij stinkt een uur in de wind. Het gordijntje wordt dichtgeschoven als hij wordt onderzocht voor het een of ander. Ik zie niet wat er gebeurt, maar hoor wel allerlei onsmakelijke geluiden. Opnieuw ben ik blij met mijn lege maag.

Ik vraag me af wat er nog met mij gaat gebeuren. Wanneer mogen de slangen uit mijn hand en blaas? Mag de rest van de kamer daar ook gezellig van meegenieten? Privacy is hier een farce, er mogen dan katoenen tussenschotjes hangen, je krijgt alles mee. De meneer naast me rochelt diep. Het meisje kermt. Ik blijf stil.

Het lijkt uren te duren. Uiteindelijk komt er een nieuwe verpleegster, ze lijkt op mijn moeder, qua uiterlijk dan. Blond haar en felblauwe ogen.

‘We gaan het gaas uit je schede eventjes verwijderen.’ Ze zegt het zo rustig en vriendelijk mogelijk, maar het blijft een absurde uitspraak. Ik zie zelfs mijn vader een beetje terugdeinzen. Ze doet het gordijntje dicht, mijn vaders verbouwereerde hoofd verdwijnt achter de dunne blauwe stof. Op vijftien centimeter van hem gaat iemand in mijn poes zitten frummelen. Dat is misschien wel het raarste wat ik vandaag, nee, dit hele jaar heb meegemaakt.

‘Wat ga je precies doen?’ vraag ik haar zachtjes. Eerst meer informatie, pas dan doe ik mijn benen uit elkaar.

Het narcosemiddel is uitgewerkt, mijn scherpte is terug. En ook meer gevoel voor alles, want mijn kruis brandt nu nog erger dan daarnet.

‘Ik geef je straks speciaal maandverband voor het nabloeden. Lig maar zo plat mogelijk en trek je benen een beetje op, als dat gaat.’

Bij elke millimeter die mijn benen uit elkaar gaan voel ik een pijnscheut. Alles doet zeer. Mijn vagina heb ik nog niet gezien en misschien is het allesbehalve de realiteit, maar het voelt als een slagveld.

De lieve verpleegster trekt aan de prop. Het is alsof ze de slang van een stofzuiger eruit trekt. Er lijkt geen einde aan te komen en ik walg van de geur die vrijkomt, ook al is het mijn eigen geur.

De bloedprop is eruit en de vrouw moffelt hem vakkundig weg in een stuk schoon papier.

‘We gaan zo eerst eens zien of je kunt lopen. Daarna proberen we de katheter eruit te halen en kijken we of je al zelfstandig kunt plassen.’

Ik wil sterk zijn, maar ik ben het niet. Ik hoop dat ze het gordijntje nog even dicht laat, zodat ik even kan huilen zonder dat iemand het kan zien. Het wordt me niet gegund. Het doek gaat met een ruk open, zo hard dat het even wild heen en weer aan de roede zwaait. Mijn vader kijkt me lief aan, zegt niets en pakt alleen mijn hand weer vast.

De katheter is eruit. En zonder al te plastisch te zijn: als ik in het vervolg iemand aan wie ik een hekel heb iets naars toewens, dan wens ik ze het verwijderen van een plaskatheter toe. Allemachtig.

Ik volg de lieve verpleegster naar een ruimte met een invalidentoilet. Perfect, want ik voel me ook een invalide, waggelend door de gang.

'Je mag hier proberen te plassen, meisje,' zegt ze op kalme toon. Ik word er emotioneel van. Ze lijkt écht op mijn moeder, zoals ik haar kende, zoals ik wilde dat ze nog was.

'Doe maar rustig aan, heel rustig hoor, ik blijf buiten de deur wachten, doe hem niet op slot. Je mag op de rode noodknop drukken als er wat is, maar je kunt natuurlijk ook een gil geven, dat gaat sneller.'

Ik lach, dit keer hardop, en ik voel mijn schede erdoor samenknijpen. Ik weet dat ik pas naar huis mag als ik zelf kan plassen. En niet één druppeltje, maar echt écht plassen. Alles in me wil dat dit lukt, ik wil naar huis, ik wil verdorie een sigaret, een wijntje, alles, als ik maar geen crackers meer hoef te vreten tussen die blauwe gordijntjes. Mijn vader is de beste die ik bij me kon hebben, maar ik wil zo graag even alleen zijn.

Tergend langzaam laat ik mijn lichaam boven de wc-bril zakken, totdat ik het harde plastic tegen mijn billen aan voel. Huuuuuhhh, een mengeling van totale ontspanning en volledig onbekende pijn maakt zich meester van me. Ik probeer de druk op te voeren, te visualiseren hoe de plas van mijn blaas richting mijn plasbuis loopt, zich een weg banend naar buiten. Wat ben ik blij dat ik zoveel bekkenbodemoefeningen heb gedaan waardoor het me lukt om op allerlei onhandige plekken te kunnen urineren, zoals de sta-toiletten in Franse tankstations en festival-Dixi's.

Heel, heel, heel voorzichtig komt er iets op gang. Ik voel het de hele route lang branden, van blaas tot kruis en hoor dan hoe het uiteindelijk in de pot belandt. Ik slaak nogmaals een diepe zucht die hoorbaar moet zijn aan de andere kant van de deur. Dit was de bevrijding van de eeuw. Halleluja.

Ik mag naar huis, ik mag verdorie trots zijn op mezelf. Het lukt me ook nog eens om zelf weer op te staan, mijn blauwe jurk te fatsoeneren en eigenhandig de deur te openen.

De verpleegster kijkt verbaasd wanneer ik de wc-deur triomfantelijk openzwaai, alsof ik mijn entree maak op een feestje.

'Zo te zien is het je gelukt.'

10

Ik lig thuis op bed, alles wat ik nodig heb ligt en staat binnen handbereik. Een pot thee, een laptop aan de lader, mijn telefoon, een boek waar ik maar niet in begin. Het is maandag, een paar dagen na de conisatie en alles in en rondom mijn schaamstreek doet nog steeds ongelooflijk veel pijn. Plassen gaat amper, het lijkt elke keer alsof ik er een dikke vloeistof uit moet duwen. In werkelijkheid blijken het steeds minimale druppeltjes. En dat dan twintig keer per dag.

Gelukkig heb ik zware ibuprofen en paracetamol meegekregen, ik neem de maximaal toegestane dosis. Ik ben alleen, precies zoals ik het wilde. Het is heerlijk rustig maar tegelijk verschrikkelijk onhandig.

Mijn kleine Jordanese huisje zou je heel modern een 'studio' of met veel grootheidswaanzin een 'loft' kunnen noemen. Feitelijk gezien is het gewoon een appartement met een relatief grote keuken en een woonkamer waarin ook een bed staat. Ik heb een soort loveseat, eigenlijk meer een hoog kinderbankje, en een tafel annex bureau met bij nader inzien tamelijk oncomfortabele designstoelen. Een minuscule badkamer met een douche met een onpraktische schuifdeur waar ik me in normale toestand al zijdelings in moet manoeuvreren, terwijl ik nog geen 55 kilo weeg.

Er is niets gehecht. Ik heb een open wond diep in mijn vagina. Daarom bloedt het ook nog na, opgevangen in de dikke matrassen die ik meekreeg en die ze in het ziekenhuis 'maandverband' noemen. Vergeleken bij die van de drogist zijn dit grote witte schuiten, dik en donzig. Maar ze doen hun werk goed, dat moet gezegd.

Mijn zus Marcella heeft me een lief kaartje gestuurd. We hadden nooit zoveel contact, maar de laatste jaren is het geleidelijk aan steeds meer geworden. Ze is drie jaar ouder dan ik en heeft asperger, een vorm van autisme. Vaak vindt ze het lastig om te begrijpen wat andere mensen denken. Soms begrijpt ze niet goed wat iemand precies bedoelt of heeft ze extra uitleg nodig. Maar hoewel 'aspies' het onderhouden van relaties vaak lastig vinden, is mijn zus een lief en betrokken persoon en staat ze voor je klaar als je haar nodig hebt.

Nu ze weet dat er wat met me aan de hand is, is ons contact nog een tikje geïntensiveerd. We bellen zelfs af en toe. Door onze historie vind ik het kaartje extra lief.

Aan aandacht geen gebrek, want afgelopen weekend kwamen er ook meerdere vriendinnen langs. Ik vroeg Anne wat lekkers mee te nemen van de traiteur om de hoek, dus we lunchten met witte pistoletjes met boerenpaté en ciabatta's met rosbief en truffelmayonaise, mijn lievelings. Liselotte maakte het avondeten, zoals ze dat als geen ander kan. Terwijl we aten kletsten we honderduit, ik ben gelukkig nog net zo spraakzaam als voorheen. Op zondag zette Esmé de thee terwijl ze aandachtig luisterde naar al mijn 'avonturen'.

Net als deze meiden is bijna iedereen om me heen geïnteresseerd en begripvol. Het regent sms'jes, van kantoor krijg ik een grote bos bloemen opgestuurd, want zij zijn inmiddels ook op de hoogte. Er komen uiteindelijk zoveel bloemen dat ik niet genoeg vazen heb, ik moet mijn vader en Ank naar de Blokker sturen om wat nieuwe exemplaren in te slaan. Mijn kleine huis lijkt wel een bruiloftslocatie. Of een uitvaartceremonie, het is maar net hoe je het bekijkt. Koffie en cake zijn in ieder geval aanwezig.

De vragen van mijn vrienden en collega's kan ik in twee categorieën indelen: 'Hoe gaat het met je' en 'Wanneer hoor je meer?'.

De bijbehorende antwoorden zijn simpel. Op de eerste vraag: 'Naar omstandigheden goed, elke dag een beetje beter.' En op de tweede: 'Over twee weken.'

De ene vrager krijgt de korte versie, de ander de lange. Velen hebben mazzel en krijgen er gratis grapjes bij. Ik weet niet of ik dat doe om het leuker voor hen te maken of draaglijker voor mezelf, of allebei. De operatie heeft me zwak en ziek gemaakt. Daarvoor had ik geen centje pijn – ik vind het lastig te rijmen.

Alleen Iris geeft niet thuis. We kennen elkaar al lang, maar de afgelopen jaren zijn we een beetje uit elkaar gegroeid en zien we elkaar minder. Maar áls we elkaar spreken is het leuk en zonder al te veel gedoe. Het voelt misschien niet meer erg verrassend allemaal, tussen ons, maar het is op een prettige manier vanzelfsprekend. Omdat we elkaar al zo lang kennen hoeven we niet zoveel uit te leggen, hebben we aan een half woord genoeg. Die vertrouwelijkheid vind ik fijn. En áls we bij elkaar zijn, is het goed. Draait vriendschap daar tenslotte niet om?

Toch is zij de enige die amper iets van zich laat horen. Ze reageerde alleen kort toen ik haar zelf appte dat de conisatie geslaagd was, maar dat ik nog wel veel pijn had en aan huis gekluisterd zat. Gek is dat, van 'nieuwere' vrienden krijg ik enorme bossen bloemen en een collega die ik nauwelijks ken stuurde misschien nog wel het aardigste kaartje. Maar van haar hoor ik niks. Ik weet dat ze het druk heeft, maar toch doet het pijn.

Normaal gesproken had ik het laten rusten. Met een andere vriendin had ik het misschien laten gaan. Maar nu, nu ik me zowel sterk als een zielig hoopje mens voel, hunkerend naar begrip en liefde en aandacht, besluit ik haar een bericht te sturen. Ook omdat we elkaar al zo vreselijk lang kennen.

'Omdat we het er laatst nog over hadden dat we altijd eerlijk naar elkaar moeten zijn en ik ook beter moet leren aangeven wat ik nodig heb en verwacht, stuur ik je toch even dit mailtje,' begin ik.

Ik had kunnen bellen, maar ik vind het moeilijk de woorden te vinden. En op deze manier zet ik haar niet voor het blok, ze hoeft niet direct een antwoord te geven.

'Ik weet niet waar het precies door komt, of het desinteresse is of dat je dat hele kanker-gedoe een moeilijk onderwerp vindt, maar het is me eigenlijk best wel heel erg tegengevallen hoe weinig ik van je heb gehoord rondom en na de operatie. Een belletje, een kaartje of een aanbod om langs te komen... Ik weet dat je thuis in een drukke periode zit, daar denk ik veel aan, maar ik wilde dit toch zeggen, zodat het niet tussen ons in komt te staan. Hoop dat je dat begrijpt.'

Het is het beste wat uit me komt. Het geeft direct lucht,

alsof het hiermee al een stukje opgelost is. Niet veel later reageert ze met een belletje.

Ze is lief, zoals altijd, maar duidelijk ook een beetje van slag door de mail. Ze vraagt wat ik bedoel met 'het hele kanker-gedoe'.

'Het was toch niet echt kanker?'

Ik sta met mijn mond vol tanden. Daar gáát het niet om. Het gaat om vriendschap, iets voor elkaar doen, geïnteresseerd zijn in de ander. Of het nu een gescheurde enkelband of fucking kanker is.

Het is te veel voor haar, zegt ze. Eerst de scheiding van mijn ouders, toen de relatiebreuk met mijn ex, mijn sombere dagen daarna. Ik weet dat ik als vriendin veel van haar gevraagd heb en voel me bijna schuldig.

'Ik kan het niet mooier zeggen dan dit, maar ik kon het eigenlijk niet eens opbrengen om je een kaartje te sturen.'

Dit doet me verdomme intens verdriet. Maar het is ook het meest eerlijke dat iemand ooit tegen me heeft gezegd.

'Dat is dan tenminste duidelijk,' hoor ik mezelf zeggen. 'Als je dat niet kunt opbrengen, dan kunnen we wel concluderen dat onze vriendschap wat jou betreft niet meer zoveel voorstelt.'

Het kan me niks schelen. Het moet eruit. Als ik nu niet helemaal eerlijk tegen haar ben, doe ik de vriendschap ook geen recht.

'Ik ga niet bedelen om je liefde.' Mijn stem is nu trilleriger dan net, ik slik mijn tranen weg terwijl ik naar woorden zoek. 'Ik ga niet smeken of je me een berichtje wilt sturen na een ingrijpende operatie.'

Het verdriet blijft over. Ik voel me zó teleurgesteld. Ik hoef geen speciale behandeling, maar een klein berichtje is toch niet te veel gevraagd? Misschien was dit haar moment of manier om de vriendschap op te zeggen, al is de manier waarop en de timing nogal... cru.

Ze sputtert tegen, ze is duidelijk geschrokken van haar eigen woorden. Maar ik ben gekwetst, het is al te laat.

'Het is goed zo, ik hoef het niet meer,' zeg ik. Ik kan me niet heugen dat ik haar ooit zo heb toegesproken.

Aan de andere kant van de lijn blijft het stil, totdat ze me na een lange stilte zachtjes vraagt: 'Wil je me dan wel beloven dat je me op de hoogte houdt hoe het straks verder gaat?'

11

Vriendin Tess staat voor de deur, broodjes onder de arm. Ik voel me goed vanochtend en heb me verheugd op haar bezoek. Jaren geleden werkten we samen voor een modesite. We hebben daarna contact gehouden en het is altijd gezellig met haar. Bovendien wil ik vandaag, na vier dagen, eindelijk eens van die bank af: bewegen, naar buiten! Ik ben het zat om aan huis gekluisterd te zijn terwijl het buiten zomer is en de zon na dagen van regen eindelijk weer schijnt.

Tijd om de trap te testen, dus. En daar kan Tess me mooi bij helpen. Na een heerlijk ontbijtje helpt ze me de twee steile Amsterdamse trappen af en lopen we twintig meter heen en twintig meter terug in mijn straat. De zon schijnt en samen schuifelen we door een piepklein stukje Jordaan.

'Beweging is goed,' zeiden ze in het ziekenhuis, 'maar bedenk: wat je heen loopt, moet je ook weer terug.' Nogal een cruijffiaanse uitspraak maar nu ik de tocht heb overleefd, snap ik precies wat de verpleegster bedoelde. Tot de voordeur voel ik me triomfantelijk, maar als ik de twee trappen op kijk voel ik de moed in mijn schoenen zakken. Shit, die waren er ook nog.

Eenmaal terug in huis ben ik zo kapot dat ik Tess vraag om me alleen te laten. Ik wil douchen, ik moet slapen, en ik wil ook vooral even alleen zijn met mijn schaamte. Het is absurd, zo'n jong lichaam, zo'n kleine ingreep en dan zo gebroken zijn.

Onder het vallende water lukt het me niet om de schroom van me af te wassen. Het enige wat het putje in glijdt is nog meer bloed.

De dag erop lijk ik warempel met sprongen vooruit te zijn gegaan.

Mijn huisarts belt om te vragen hoe het gaat. Dat vind ik bijzonder aardig, ook al klopte er geen bal van 'zijn' uitstrijkje. Hij zegt me dat hij daar lang over na heeft zitten denken. Hij neemt het woord 'schuldig' niet in de mond, maar ik voel aan alles dat hij zich wel een beetje zo voelt. Ik neem hem niets kwalijk, hij heeft alles volgens het boekje gedaan. Daar twijfel ik niet aan. Het is gewoonweg niet te verklaren waarom mijn uitstrijkje negatief was, terwijl er daarna sprake was van een voorstadium van kanker. *One in a million*, dat zal het zijn. Als ik al boos ben, heeft het weinig nut dat op deze man te botvieren.

Hij is bovendien niet de enige die ernaast zat, dokter Kaasschaaf heeft me ook op het verkeerde been gezet. Het zal wel een beetje tegen de regels zijn, maar ik besluit erover te praten met mijn huisarts.

'Ik blijf het raar vinden hoe de eerste arts zei "onrustige cellen" en de arts daarna het "kankercellen" noemde. Ik weet nog steeds niet hoe ik dat allemaal moet plaatsen.'

'Dat vind ik eigenlijk ook erg vreemd,' geeft hij toe. 'Ik heb zojuist je dossier met alle uitslagen gelezen en ik kan het niet mooier formuleren, het gaat in jouw geval absoluut om kanker. Ik zou hem daar zeker nog een keer over bellen, want jij had echt niet alleen “onrustige cellen”. Ik vind het heel vervelend dat je, na alles wat er al misging, van hem ook al geen helder verhaal kreeg. Ik kan er niets aan veranderen, maar ik vind het zeer jammerlijk.’

Ik vind het ook jammerlijk.

Ik app mijn vader, die weet me altijd wel gerust te stellen.

‘Goed dat je de vragen stelt die je hebt en er niet mee blijft rondspoken in je hoofd,’ tikt hij.

Hoe kalmer hij is, hoe opstandiger ik word.

‘Ja, maar wie zegt er nu onrustige cellen als het gewoon kankercellen zijn!’

‘Om jou niet ongerust te maken? Dat is het enige dat ik kan bedenken.’

Misschien heeft hij gelijk, maar ik vind het een verklaring van niks.

Daarna vind ik het tijd voor een wandelingetje, lekker op mijn dooie gemak, een coffee-to-go halen en weer terug naar huis. Dat moet vandaag gaan lukken, ik eis dat het lukt.

Het is een tripje waar ik normaliter nog geen kwartier over doe. Iets langer als het mooi weer is en ik naar de voorbijvarende bootjes op de Brouwersgracht kijk en naar spelende kinderen, vlak bij mijn huis.

Weinig maakt me gelukkiger dan een zomerse dag waarop heel Amsterdam naar buiten trekt en alles als een soort puzzel in elkaar past. Fietsers en automobilisten die elkaar nauwelijks tolereren, maar toch genoeg zodat alles net aan functioneert. Sloepen die rakelings langs elkaar scheren in de grachten, toeristen die met de benen over de rand hangen en blowtjes roken. Een oudere dame die de weg vraagt, een gestreste ober op de stoep omdat de kindjes daar spelen tussen de witte wijn nippende terrasgangers.

Vandaag ben ik zelf die oudere dame. Schuifelend beweeg ik me richting Haarlemmerdijk om een cappuccino te halen.

Het duurt drie kwartier. Ik heb geen moment iets meegekregen van het leven op de gracht. Alles en iedereen is vandaag een obstakel, ikzelf ook. Bij de Oranjebrug moet ik me vasthouden aan de leuning. Ik hijg, het is nog zo ver. Amsterdam is opeens zo vreselijk druk. Dat merk ik anders bijna nooit, maar als je zelf in standje-slak je over de straat beweegt lijkt alles om je heen sneller te gaan.

Maar al duurt de tocht lang en is mijn koffie bijna koud als ik thuis aankom, ik ben toch een beetje trots. En het beste nieuws is: mijn lichaam doet het nog.

12

Het is donderdagochtend, 27 juli. Ik heb lang geslapen vannacht en als ik opsta voel ik me al bijna weer de oude. Alleen het plassen wil nog niet zo lukken.

Ik vínd ook heel erg dat ik me de oude moet voelen. Mijn vader zegt dat ik niet zo moet haasten, mezelf de tijd moet gunnen. Uiteraard heeft hij gelijk.

De stad schijnt zonnig door de ramen heen. Ik zit in mijn bed, met mijn pyjama nog aan, te werken op mijn laptop die ik op schoot heb. Ik eet frambozen, ze zijn smakelijker dan ooit. Een goed fruitseizoen dit jaar, de Hollandse aardbeien waren ook al zo absurd zoet. Vanmiddag ga ik lunchen met Anne en Joedy. Die laatste woont tegenwoordig in Londen. Leuk om haar na zo'n tijd weer eens te zien en ouderwets bij te kletsen. Maar dat is pas over een paar uur, dus ik kan nu mooi eerst nog wat werk doen.

De telefoon gaat. 'Anoniem' zegt het scherm. Vreselijk irritant, want als zelfstandige weet ik dat dit een irritante telefoonverkoper kan zijn, of een energieleverancier. De

Kamer van Koophandel geeft je mobiele nummer gewoon door aan iedereen die iets wil verkopen.

Maar het is het ziekenhuis. Sterker nog, het is mijn favoriete dokter F in hoogst eigen persoon. Wat attent.

Omdat ik ervan uitga dat ze wil weten hoe de zaken ervoor staan, steek ik enthousiast van wal. Ik ratel een lang verhaal over de eerste dagen, de bloedingen en hoe die steeds minder worden. Het onmogelijke plassen. De eerste stapjes op de trap en op de gracht, de vele bloemen en kaartjes.

Pas na een aantal minuten onderbreekt ze me.

'Monique, ik vind het fijn om te horen hoe het met je gaat, maar eigenlijk bel ik met een andere reden. Ik heb de uitslag van het lab al binnen en wilde je niet nog een week laten wachten.'

Ze pauzeert.

'Het is niet goed, Monique.'

Het is zoals ze zeggen dat het gaat. Ik krijg geen lucht, ik kan niet meer nadenken, alles voelt zwaar.

'En nu?' piep ik.

Je kunt blijkbaar nog praten tijdens een shock, een vraag formuleren, de telefoon vasthouden, ademen.

'Ik zou je willen vragen om zo snel mogelijk naar het ziekenhuis te komen zodat we over de vervolgstappen kunnen praten.'

Hoe het me lukt weet ik niet, maar ik vraag: 'Hoe laat zou het jou uitkomen?'

'Ik ben vandaag eigenlijk niet meer aan het werk, maar ik blijf hier voor jou. Als je je meldt bij de balie van de afdeling Gynaecologie, dan piepen ze me op en kom ik je halen.'

Zodra ze dat zegt, besef ik hoe ernstig de zaak is. Een arts blijft niet zomaar na haar dienst net zo lang wachten totdat ik een keertje aan kom kakken.

Ik zeg dat ik mijn vader moet bellen. Hij moet erbij zijn, maar dat kan nog wel een paar uur duren.

'Dat is oké. Ik blijf hier op je wachten. Kom zo snel als mogelijk is.'

Het eerste wat ik doe zodra ik de telefoon wegleg, is me uitkleden. Ik heb geen idee waarom, het is totaal onlogisch, maar ik denk alleen: ik moet in actie komen en dat kan niet, want ik heb mijn pyjama nog aan.

Terwijl ik die uittrek denk ik aan haar woorden en probeer ik daar iets zinnigs uit te concluderen. Hoe erg kan het allemaal zijn? Moet ik nogmaals in me laten snijden? Ik voel me net weer een beetje hersteld, maar ben nog bij lange na niet mijn oude zelf.

Kut, eerst mijn vader bellen. Die moet zo snel mogelijk de auto in! Zou hij vandaag al plannen hebben gemaakt, zou hij wel thuis zijn? In mijn onderbroek kies ik zijn nummer, bovenaan in mijn lijstje Favorieten.

De telefoon gaat over. Wat moet ik zeggen? Totale blackout. Godallemachtig, die man schrikt zich zo dood. Hij moet nog gaan rijden. Kan hij zo rijden? Of zou Ank kunnen rijden? Kak, het is best koud met alleen dit slipje aan.

Misschien neemt hij niet op en hoef ik hem nooit iets te vertellen.

'Hoi hoi!' klinkt mijn vaders vrolijke stem.

De gedachte dat zijn vrolijkheid binnen twee tellen om zal slaan in pure angst en ellende, kan ik bijna niet aan. Ik wil gewoon een slap verhaal ophouden. Over dat PSV vanavond speelt, de Europa League. En het weer, o het weer, wat is er toch weer vandaag. Moet hij nog naar de tandarts, hoe gaat het met de kroon in zijn kies?

Het enige wat ik doe is de woorden van dokter F herhalen.

'Het is niet goed, pap. Het is niet goed.'

Ik mag nu huilen, hij mag zorgen.

'Monique, we komen er meteen aan. Ank! We pakken mijn auto! Waar zijn mijn sleutels! We moeten naar het ziekenhuis!'

Ik zal een taxi moeten nemen naar het OLVG. Als mijn vader me eerst thuis ophaalt, hier midden in het centrum van Amsterdam, geeft dat onnodig tijdverlies. En hij moet eerst nog vanuit Brabant naar Amsterdam rijden. Ik zal dus nog even wachten voordat ik de taxicentrale bel, anders ben ik veel te vroeg bij dokter F.

Van het uur dat ik thuis wacht, breng ik drie kwartier door in alleen dat slipje, twijfelend voor mijn kast. Ik krijg het bizar genoeg niet voor elkaar iets uit te kiezen om aan te doen. Mijn outfit lijkt opeens het enige waar ik me aan vast kan klampen. Want wat trek je aan als je weet dat je zo te horen krijgt dat je toch echt kanker hebt en dat het nog niet weg is?

In de taxi hangt de chauffeur een leuk verhaal op en ik probeer met hem mee te doen. Alle afleiding is welkom. Onnodig te zeggen dat het vandaag niet lukt, ik kan me niet concentreren op de anekdotes over zijn familie in Marokko en zijn vrouw die laatst ook in het OLVG lag. Afwezig staar ik uit het raam naar de voorbijrazende stad vol vrolijke mensen die de zomer aan het vieren zijn.

Uiteindelijk ben ik toch nog veel te vroeg in het ziekenhuis. Er is een stuk snelweg afgesloten, papa en Ank zitten vast in het verkeer. Raar genoeg voel ik me heel kalm.

Ik app mijn vriendinnen dat ik de lunch van vanmiddag moet afzeggen, de reden zet ik er niet bij. Gelukkig vragen ze niet door.

Eindelijk zitten we in de spreekkamer. Naast dokter F is een mannelijke arts aangeschoven. Een veel oudere gynaecoloog, klein van postuur, met muisgrijs haar en een brede mond. Eerst blijft er een arts uren op mij wachten ondanks dat haar werktijd erop zit. En nu zit er ook nog een oudere, ervaren arts bij.

Het is niet goed. Het is niet goed.

Dokter F steekt van wal.

'Monique, zoals ik al aan de telefoon zei, hebben we de uitslag van het lab binnen. Het leek me niet prettig om daar een week mee te wachten en we willen ook zo snel mogelijk een behandelplan met je opstellen.'

Ik knik. Nog steeds ben ik verrassend rustig, ik wil alles zo goed mogelijk in me opnemen. Mijn vader naast me lijkt hetzelfde te doen.

'Kort gezegd: de conisatie bleek niet afdoende. In het weefsel dat bij jou is weggehaald is baarmoederhalskanker aangetroffen. De snijranden zijn niet schoon en dat betekent dat er hoogstwaarschijnlijk nog kankercellen in je lichaam zitten. We noemen dit "stadium 1 kanker". Dat betekent dat de kanker zich naar alle verwachting maar in één lichaamsdeel bevindt. Maar we willen je zo snel mogelijk onderzoeken op mogelijke uitzaaiingen. Daarvoor gaan we je doorverwijzen.'

Door de woorden die ze noemt, kanker, stadium I, uitzaaiingen, wordt alles opeens zo echt.

Kanker. Ik heb kanker.

Mijn vader stelt allerlei vragen. Vragen die ik ook heb, maar die niet uit mijn mond lijken te willen komen. Ik zit stil in de harde stoel en pulk aan een velletje naast mijn duimnagel.

De oudere arts neemt het over. 'Het OLVG werkt intensief samen met het Nederlands Kanker Instituut Antoni van Leeuwenhoek, het AMC en het VUmc. We gaan je daarom ook doorverwijzen naar een van deze ziekenhuizen, hun afdelingen oncologie zijn gespecialiseerder.'

Ik vind hem ook sympathiek. Kan ik niet gewoon bij hen blijven?

'Naar welk ziekenhuis ga ik dan?' Mijn eerste vraag. Mijn mond voelt droog, mijn ogen zijn vochtig.

'Dat gaan we je zo snel mogelijk laten weten. Het is nu donderdag, op maandag hebben we een multidisciplinair artsenoverleg met gynaecologen en oncologen van al die ziekenhuizen. Dan gaan we jouw dossier bespreken. Daarna vertellen we je op welke locatie je terechtkunt.'

Maandag. Oké, dat kan ik zo in mijn agenda noteren. Mijn vader vervolgt zijn vragenvuur.

'Maar wat voor behandeling gaat ze krijgen? Wordt het chemo? Komt er nog zo'n conisatie?'

De arts wappert met zijn handen in het luchtledige.

'Nee, er volgen eerst meer onderzoeken. Sowieso een MRI-scan en waarschijnlijk een kijkoperatie om te checken waar de kankercellen zich nog allemaal bevinden. In het beste geval is dat alleen in de baarmoederhals.'

Opeens voel ik allemaal celletjes bewegen in mijn diepe

onderbuik. Ze willen zich een weg naar buiten banen, ze zijn slecht en ze willen eruit. Als vlinders in je buik bij verliefdheid, maar nu kwaadaardig. Kankermotten.

'Pas na al die onderzoeken wordt er een behandelplan gemaakt. We verwachten vooralsnog dat alles operatief te verwijderen is, dus er is absoluut nog geen sprake van chemotherapie.'

Mijn vader kijkt allesbehalve gerustgesteld. Ik weet ook niet wat erger is: een operatie of chemo? Bij een operatie houd je in ieder geval nog je haar. Toch?

Dokter F zegt nog wat aardige woorden, de mannelijke arts geeft me een hand en staat al op. Blijkbaar is alles gezegd.

13

Ik heb niet gehuild. Niet in de kamer, niet in de hal van het ziekenhuis toen we wegliepen, niet in de lift naar de parkeergarage toe, niet in de auto. Het is niet dat ik het niet wilde. Heus wel, huilen is gezond. Misschien zit het er wel, maar komt het er niet uit. Nu nog niet.

Ik voel me opstandig. Ik wil lunchen, oesters, steak tartare, een fruits de mer plateau wellicht.

'Laten we naar Café Restaurant Amsterdam gaan, die heeft de beste!' opper ik. 'En die heeft ook van die lekkere rillettes waar je zo dol op bent, pap. En heel goede sauvignon blanc!'

Als we gaan lunchen drinkt mijn vader standaard een glas wit. Vandaag niet, gok ik zo. Zijn gezicht staat verdrietig.

'Laten we gewoon een simpel broodje eten, bij jou thuis, of in de straat,' zegt hij.

Simpel? Ik wil geen simpel. Ik wil oesters, en kreeft, champagne, de hele fucking rataplan. Het leven is overduidelijk te kort voor een simpel broodje. Waarom snapt niemand dat?

Ank voert het adres van mijn huis al in op de autonavigatie. Ze bedoelen het niet vervelend, zij hebben ook een intense ochtend achter de rug. Maar ik heb verdorie kanker, dus ík zou mogen kiezen. Al wilde ik nu, op dit moment helemaal naar Parijs rijden!

Mokkend zit ik achterin. Mijn kruis doet nog steeds pijn. Het maandverband kriebelt, ik heb het door alle commotie te lang niet vervangen en het is warm vandaag.

Ik geef het op, het heeft geen zin om te protesteren. En om heel eerlijk te zijn heb ik niet eens echt trek.

Na de lunch laten ze me alleen. Dat wil ik zelf graag en zij moeten terug voor de hond, want die zit al de halve dag thuis op hen te wachten. Ik bel wat mensen om het nieuws te delen. Sommigen app ik. Mijn mond is droog, mijn hoofd is vol van het praten en mijn oor gloeit van de constante aanraking met de telefoon.

Als ik vrijdagochtend wakker word ziet de wereld er opeens heel anders uit. Met kleren aan en in een rare houding met mijn telefoon naast m'n lichaam ben ik in slaap gevallen. In normale toestand zou ik dan al vol spierpijn zitten, maar ik sta op zonder enige kramp. Sowieso voelt mijn lijf een stuk beter, lopen gaat al zoveel makkelijker. En de conisatie is pas zeven dagen geleden. Wat nou zes weken herstel? Deze meid is er zo weer bovenop!

Als ik mijn telefoon pak en de tientallen berichten zie, komt de realiteit keihard binnen.

O ja, kanker.

Gisteravond vond ik het helend om overal op in te gaan en zestien keer opnieuw hetzelfde verhaal te doen. Ik heb zo veel mogelijk mensen gesproken, het hielp me de dingen op een rijtje te zetten. Maar vandaag heb ik er geen zin in. Ik wil me normaal voelen, zolang dat nog kan.

’s Avonds besluit ik dat ik best wel naar de wekelijkse vrijdagborrel van werk kan. Er zijn twee collega’s jarig en ik kan wel wat gezelligheid gebruiken. Eén borrel – of twee. Alcohol mag, dat heb ik nog gecheckt bij de verpleegkundigen.

Ik besluit verstandig een taxi naar kantoor te nemen in plaats van de fiets. In de kantoortuin is het een gezellige boel. Ik doe een overdreven ‘surprise!’ van achter een deur om de twee jarigen extra te verrassen. Ze zijn stomverbaasd als ze mijn gezicht zien. Die malle Monique, toch op de borrel! En dan ook nog terwijl ze ‘K’ heeft; zo lijken mensen kanker te willen noemen, omdat dat dan minder hard aankomt. Voor mij is kanker gewoon kanker.

Niet iedereen weet van mijn slecht-nieuwsgesprek van gisteren. Ik heb het alleen aan een paar directe collega’s toevertrouwd. Hoe mijn hoofd werkt weet ik ook niet, het is bijna beschamend te noemen, maar vandaag wil ik het nieuws met zo veel mogelijk mensen delen.

‘Hé jij daar, met je glas prosecco, weet je wat ik heb? Kanker! Jahaa, maar ze denken dat het allemaal operatief te verwijderen is hoor. Geen chemo voor Mo! Deze haartjes blijven er allemaal mooi aan zitten! Ohh, waar ik behandeld word is nog niet bekend. Het AMC is wel ver weg ja, dat is niet te fietsen natuurlijk, haha!’

Het is een belachelijke vertoning. De meeste collega’s zijn begripvol en stellen geïnteresseerd vragen, maar ik zie ook hoe sommige hun hoofd wegdraaien. Zij weten minder goed om te gaan met mijn stortvloed aan medische informatie en totaal ongepaste kankergrappen.

Blijkbaar, op een *fucked up* manier, voel ik me hier beter door. Delen is helen, is mijn nieuwe mantra. En daar moet iedereen zich maar naar schikken. Ik mag deze grappen maken, ik heb kanker.

Als ik na drie kwartier dringend naar het toilet moet en me door de menigte wring, voel ik dat het foute boel is.

Eenmaal in de wc is de catastrofe nauwelijks te overzien. Bloederige brokstukken vallen uit me, er lijkt geen eind aan te komen.

Later zullen de aanwezigen op het feestje zeggen dat ik rustig en vrolijk gedag zeggend het pand verliet, maar van binnen draai ik door. Wat. Is. Dit.

Ik heb niet eens extra maandverband bij me. En ik heb godbetert een loeistrakke broek aangetrokken!

Ik bel een taxi die me naar huis brengt. Misschien zijn dit soort bloedingen heel normaal, een week na zo'n ingreep? Thuis kan ik de boel even rustig bekijken, een inschatting maken van de situatie. Het valt vast allemaal reuze mee. Dan kruip ik gewoon lekker in bed, met een kop thee, wat chips en een theedoek tussen mijn benen.

Wat normaal gesproken een ritje van nog geen kwartier is, loopt uitgerekend vanavond anders. Het verkeer op de gracht staat vast en ook de Stadhouderskade blijkt deels afgesloten. Ruim een half uur zit ik met samengeknepen dijen op de achterbank van de taxi, met een vest over mijn schoot.

Eenmaal thuis moet ik nog de twee trappen op terwijl het bloed langs mijn benen gutst, maar nog steeds vind ik dat het wel meevalt. Als ik gewoon rustig op bed ga liggen, in een grote boxershort met zo'n wit matras erin en genoeg donkere doeken binnen handbereik, dan zal het wel gaan.

Een vriend belt. Ik weet niet hoe, maar ik klets gewoon gezellig met hem aan de telefoon. Ja, de borrel was best gezellig en nee, ik heb niet te veel van mijn lichaam gevraagd. Ik heb hem al zo lang niet gesproken en wil nu niet ophangen, hij is altijd zo druk en ik ben benieuwd hoe het met hem gaat.

Ik doe mijn iPhone-oortjes in om het gesprek handsfree voort te zetten zodat ik ondertussen naar de wc kan. Maar na twintig minuten en meerdere toiletbezoeken dwing ik mezelf toch het ziekenhuis te bellen. Dit is níét normaal. Straks bloed ik nog dood.

Terwijl de ziekenhuistelefoon overgaat, raak ik steeds meer in paniek. Iemand neemt op.

'Ik heb net een conisatie achter de rug, ik bloed zo heftig, het lijken wel stukken biefstuk!' roep ik. 'Ik denk dat er een ambulance moet komen.'

De dame van het OLVG ziet gelukkig de ernst van de situatie in, maar deelt me beroepshalve ook mede dat een ambulance alleen voor echt dringende gevallen is. En dat zo'n ding best een prijskaartje heeft.

'Is het echt dringend, mevrouw?'

'Ja natuurlijk, er komen biefstukken uit me!'

Omdat ik nog zo helder klink en op maar twintig minuten afstand woon, lijkt het haar toch beter als ik een taxi neem.

'We wachten op uw komst in het Moeder- en Kindcentrum. Tot zo.'

Zei ze nou het Moeder- en Kindcentrum?!

Als ik in de taxi zit kan ik mezelf wel een klap voor m'n kop geven. Een week na de operatie al alleen op pad. In een nieuwe jeans, en dan nog wijn drinken ook. Ik ben echt gek.

Met moeite neem ik de lift naar de tweede verdieping, inderdaad, naar het Moeder- en Kindcentrum. Op de grote klok zie ik inmiddels dat het al bijna half negen 's avonds is. De stad maakt zich op voor het grote feesten: en ik zit in mijn eentje in het ziekenhuis. Ik durf mijn vader niet te bellen omdat ik niet wil dat hij zich ongerust maakt. Ik wil mijn vriendinnen niet bellen omdat zij vast ergens een leuke tijd aan het hebben zijn. Bovendien: wat kunnen ze hier voor me doen? Een bakje tussen mijn voeten zetten?

De dame aan de balie zegt me dat alle gynaecologen momenteel bezet zijn. Blijkbaar is er één grote babyboom vanavond. Alle kamers zijn vol, iedereen is aan het bevallen. Zij van baby's, ik van iets heel anders.

'Je kunt daar plaatsnemen. Kan ik een glas water voor je halen?' Ik volg haar wijzende vinger en zie een hoge, nepleren bank. Het alternatief is een stel lage krukjes. Ik kan bijna beter blijven staan.

Ik vraag de weg naar de toiletten, want ik voel dat ik alweer 'moet'. Gelukkig zijn ze niet ver. Op de wc blijkt de situatie allesbehalve verbeterd, ik blijf er zeker tien minuten zitten. Het is hopelijk een beetje zoals met regen: wat nu valt, valt straks niet. Dat is dan alvast weer een voordeeltje.

Als ik terugloop om de receptioniste te vragen wanneer ik aan de beurt ben, staat er een stel bij de balie, waarvan het hoogzwangere meisje volledig in paniek lijkt. Ook voor haar is er nog geen kamer, geloof ik.

Bijna veertig minuten verstrijken. Het duizelt in mijn hoofd en ik zie af en toe sterretjes. Hoeveel bloed moet je verliezen om je bewustzijn te verliezen? Ik walg van mijn eigen gedachten en word misselijk van de associaties in mijn hoofd.

Het is bijna tien uur als ik word opgehaald door een co-assistente. Ouder dan tweeëntwintig kan ze niet zijn, ze heeft een zwierige blonde paardenstaart hoog op haar hoofd en zachtgroene ogen. En een wit jasje, best een mooie trouwens, met kaartjes en piepers en pennen eraan.

Ze zegt dat ze pas net op de afdeling Gynaecologie is begonnen, dit is haar eerste nachtdienst. Ze is lief en zorgzaam, dat zie je in een oogwenk, maar ook overduidelijk nerveus.

Ze opent een lege kamer en begeleidt me naar de behandelbank die als een soort stoel omhoog is geklapt. Het lange witte papier waar ik op mag gaan zitten ziet er weinig uitnodigend uit. Het scheurt als ik erop klim.

Ik leg uit wat er vanavond is gebeurd. Ze vraagt niet of ze mag kijken, ze zegt dat dokter Z er 'zo' aankomt.

'Maar het kan nog wel even duren, want het is druk vanavond.'

Dat had ik al begrepen. Grappig trouwens, het is muisstil in het ziekenhuis en dat met al die bevallingen.

Aangezien het vorige toiletbezoek alweer even geleden is, vraag ik haar me naar de dichtstbijzijnde wc te helpen. Als ik weer zit, is het nog steeds mis. Ik word er moedeloos van.

'Gekke vraag misschien,' zeg ik terwijl ik mijn hoofd tussen de deur steek, mijn billen nog rustend op de pot. De co-assistente zit vlak naast de deur aan een geïmproviseerd bureautje op een computer te tikken. Het is meer een horizontale plank op wat schragen, de boel lijkt nauwelijks aan elkaar vast gemaakt, de doorzichtig plastic brievenbakken dansen op het blad als ze met haar vingers over het toetsenbord gaat.

'Ja?'

'Nou, zou ik hier kunnen blijven zitten tot de dokter komt? Het bloeden is echt non-stop en anders maak ik misschien de hele vloer vies. Ik red het denk ik niet tot aan het bed.'

Ze kijkt me aan en staat dan op.

'Ik heb een beter idee,' zegt ze en ze rommelt wat in een metalen kast. Ze haalt er een wit pakketje uit, gaasachtige stof met een groen biesje.

'Dit is een luierbroekje. Dat voelt misschien wat gênant, maar dan kun je tenminste lekker blijven liggen. Het is zo koud op de wc. In de kamer is het een stuk warmer en dan lig je ook wat prettiger.'

Ik kruip uit de wc, neem de luier aan en kleed me stante pede om. Privacy is nu wel mijn minste zorg en dit meisje heeft vast wel eerder een paar blote billen en wat bloed gezien.

In mijn witte luier wacht ik op de dokter. Het is al over elven als de verlosser eindelijk binnenkomt, in de vorm van dokter Z. De grap is dat ik eigenlijk volgende week een afspraak met hem zou hebben, om de lab-uitslag van mijn conisatie te bespreken. Maar dokter F was hem gisteren voor.

Het blijkt niet uitzonderlijk te zijn, mijn bloedingen, maar het is goed dat ik meteen ben gekomen.

'Doodbloeden zul je niet meteen, maar hier moet absoluut iets aan gebeuren,' zegt hij.

Het plan: de bloedingen in het wondgebied moeten worden dichtgebrand.

Eh, wat?

In plaats van met een brandende fakkel komt hij gelukkig aanzetten met een onschuldig uitziend boeketje wattenstaafjes.

De welbekende eendenbek wordt ingebracht, nu nog pijnlijker dan ooit tevoren, en de arts begint eerst een beetje te porren om te zien waar het precies bloedt.

'Dan kan ik exact lokaliseren waar ik het moet dichtbranden.'

Echt hoor, als ik nog één keer het woord 'branden' hoor, klap ik mijn benen dicht en ren ik naar de uitgang. Ik wil naar huis, naar mijn bed, een fles wijn aan mijn mond zetten en een pakje peuken wegpaffen.

In plaats daarvan lig ik nog zeker een half uur met mijn benen wijd terwijl er in me wordt geduwd, geprikt, gedept, aangestipt, gewacht en wéér wordt geprikt. Er is me een verdoving aangeboden, maar drie keer raden waar die naald in gaat.

Golven van pijn, fel en scherp. Ik bijt zo hard op mijn lip dat-ie begint te bloeden. De co-assistente komt de kamer binnen om de situatie te checken en zonder na te denken grijp ik haar hand in het voorbijgaan. Hopelijk mag ik zo hard knijpen als ik wil.

14

De week erop werk ik vanuit huis. Ik blijf ook eindeloos bellen en appen met vrienden en probeer zo min mogelijk te denken aan wat er eigenlijk echt aan de hand is. Het gaat me redelijk af, al zijn het grijze dagen.

Maar dan gebeurt er iets bijzonders. Bart, een collega die al vier jaar op hetzelfde kantoor als ik werkt, belt. Hij is creatief directeur van de overkoepelende uitgeverij en mede verantwoordelijk voor de commerciële samenwerkingen die op mijn site lopen. Hij heeft me nodig voor een campagne op Culy met een dropfabrikant.

Bart is een van de weinigen op kantoor die nog niets van mijn ziekte af weet. Niet met opzet overigens, ik spreek hem gewoon niet zo vaak en hij was ook niet op de borrel laatst. Ik zeg hem dat ik op afstand wel wat input kan geven, maar dat ik door omstandigheden eventjes niet op kantoor ben.

'Wanneer ben je er weer? Ik ga namelijk bijna op vakantie naar Ibiza, dus het zou fijn zijn als we elkaar daarvoor nog even treffen. Het is best een grote klant.'

Ik doe mijn verhaal uit de doeken. Bart schrikt zich rot.

'Ik had geen idee. Jezus Mo, wat erg! Laat die dropreclame

maar zitten, ik vogel zelf wel wat uit. En ik beloof je: vanaf nu ga ik elke dag bij je checken hoe het gaat!'

Nu moet ik lachen. Bart en ik zijn niet de beste vrienden, op kantoor vliegen we elkaar regelmatig in de haren. We zijn allebei fanatiek en fel en kunnen flink uithalen als we onze plek moeten verdedigen. Ik heb hem nooit onaardig gevonden, integendeel, het is een bijzonder grappige gast. Maar zakelijk gezien zijn we gewoon niet de beste match.

Verder weet ik eigenlijk niet zoveel over hem. Ja, dat hij knap is: dat vond ik al toen hij vier jaar geleden op sollicitatiegesprek kwam. Maar ik was destijds nog met m'n ex en hij had een vriendin. Het leven ging z'n gangetje. En op kantoor botsten we nogal. Ik geloof er niets van, dat hij me iedere dag gaat vragen hoe het met me is.

Maar hij houdt zich aan z'n woord. Elke dag krijg ik een appje, om te vragen hoe het gaat, met een droog woordgrapje – zijn specialiteit – of met een mooi liedje. We blijken allebei Rufus Wainwright en José James leuk te vinden. De berichten gaan overal en nergens over. Hij is op vakantie, ik zit thuis, het is eigenlijk de ideale situatie om veel contact te hebben.

De eerste week is het contact onschuldig, grappig, oppervlakkig. Maar de losse berichtjes worden gesprekken en op een bepaald punt beginnen we elkaar zelfs te bellen. En dat terwijl ik niet zo'n beller ben.

En dan, in de laatste dagen van zijn vakantie, ik ben inmiddels al bijna helemaal lichamelijk hersteld, slaat de sfeer om van vriendschappelijk naar flirterig.

Ik betrap mezelf erop steeds mijn telefoon te willen checken. Zijn berichten maken me blij, ze helpen me de dag door. Hij op zijn beurt zegt ook heel gelukkig te worden van mijn verhalen en nieuwtjes en grapjes. Het is lang geleden dat ik me weer zo vrolijk voelde, gewild misschien ook wel, al zijn we nog lang niet zover.

Eerst moet ik nog naar mijn allereerste afspraak in het AMC. Dag veilig OLVG.

15

Ik heb de bus, de trein en de metro genomen en sta voor de schuifdeuren van het AMC. Het is 7 augustus, maar de gevoelstemperatuur buiten ligt niet hoger dan zestien graden. Waarom heb ik geen dikkere jas aan getrokken? Ik zou vanavond bijna mijn elektrische deken alweer uit de kast kunnen toveren.

Het verrast me hoe goed ik de openbaarvervoer-tour ben doorgekomen. Ik ben al even onderweg, maar nog verre van moe. Ik moet me melden op de afdeling Oncologie.

In de hal van het enorme ziekenhuis staat mijn vader op me te wachten. Godzijdank is hij er vandaag bij. Ik ben nog nooit in dit academische ziekenhuis geweest. Het ligt in een grauwe omgeving ver buiten de stad, ingeklemd tussen snelwegen en industrieterreinen. Het gebouw zelf lijkt op een donkere bunker in aanbouw. Overal zijn werklui bezig, er hangen bordjes scheef en vloeren worden opnieuw gelegd. En hier moeten ze me gaan behandelen? Waarom hebben ze me niet doorverwezen naar het Antoni van Leeuwenhoek of het VUmc? Alles beter dan deze betonnen hel.

'Pap, ik wil dit niet, echt niet,' miep ik terwijl ik mijn vader begroet. Mijn vader begrijpt me. En zoals ik kan mokken, kan hij in oplossingen denken.

'Stapje voor stapje, weet je nog? We gaan eerst even rustig een kop thee drinken en dan de afdeling zoeken.'

Na een doolhof van trappen met onlogische bordjes die naar eindeloze gangen wijzen, arriveren we uiteindelijk op de polikliniek. Ik heb met tegenzin een ziekenhuispasje laten maken, het liefst had ik een valse naam of een verkeerd adres opgegeven. Ik hoef geen lid te worden van deze kille fabriek, ik wil gewoon terug naar het gemoedelijke, stadse OLVG.

In de spreekkamer tref ik twee artsen, onder wie dokter V, hij zal mijn vaste aanspreekpunt worden. De klok wijst negen uur aan, ik ben hun eerste afspraak van de week. Zouden zij er net zo weinig zin in hebben als ik?

Om de sfeer goed te houden en mezelf erdoorheen te slepen, probeer ik deze afspraak te beschouwen als een zakelijke meeting. Maar ook al doe ik aardig en beantwoord ik hun vragen naar mijn beste kunnen, de artsen tegenover ons hebben duidelijk geen zin om van deze ontmoeting een feestje te maken.

'Je hebt kanker.'

Fantastische openingszin, jongens. Dank.

Terwijl de ene arts honderduit begint te praten, tekent de andere arts het een en ander uit op een wit velletje papier. Ah, dat moet blijkbaar mijn baarmoeder voorstellen. En kijk, dat zijn eierstokken! En dat stipje is dan de tumor, toch?

Dokter V pauzeert even.

'Ik lees in je dossier dat je geen kinderwens hebt. In dat geval raden we de meest radicale operatie aan: je volledige baarmoeder zal moeten worden verwijderd.'

Ik ben perplex. Was het naïef van me om te denken dat ze alleen de baarmoederhals zouden verwijderen? Ik heb baarmoederhalskanker, toch geen baarmoederkanker? Hoezo willen ze dat hele orgaan eruit halen? En waarom zeggen ze dit zo bot? Naast me zie ik mijn vader naar lucht happen. Voor het eerst doe ik mijn mond open.

'Het klopt dat ik tegen de artsen in het OLVG gezegd heb dat ik momentéél geen kinderwens heb.' Ik klink gedecideerd, koeltjes. Wauw, is dat mijn stem? Die inbeelding van een zakelijke meeting blijkt verrassend goed te werken.

'Ik ben achtentwintig, ik heb momenteel geen partner en ik weet niet wat de toekomst brengt. Ik zie mezelf nu geen baby krijgen, maar ik ben nog zo jong, ik heb geen idee hoe ik hier straks tegen aankijk. En ik vind het nogal wat, alles eruit.'

Ze leggen uit dat er wel een besparende operatie bestaat, een trachelectomie. Via de buik verwijderen ze dan de baarmoederhals, het bovenste stukje van de vagina en wat lymfeklieren. De baarmoeder blijft dan behouden en zo zou je nog zwanger kunnen worden.

'Maar de kans op een geslaagde zwangerschap en zelfs een gezond kindje, blijven ook dan heel klein. Bovendien vergroot het de kans dat de tumor niet helemaal wordt verwijderd en dat de kanker dus blijft zitten. Het is geen standaardoperatie voor baarmoederhalskanker en we raden 'm dus ook niet aan als je geen enorm sterke kinderwens hebt. Overigens wordt deze besparende behandeling ook maar in een paar ziekenhuizen in Nederland uitgevoerd.'

Dat klinkt logisch. En vreselijk tegelijkertijd. Terwijl ik hierover nadenk, stelt mijn vader een heel belangrijke vraag: wat houdt een radicale baarmoederverwijdering dan precies in? De oncoloog steekt meteen enthousiast van wal. Het is net alsof je een autoverkoper vraagt naar de specificaties van het nieuwste model stationwagon, dan vliegen binnen no time ook de acceleratiesnelheid en het aantal cilinders je om de oren.

'Dit is de meest gangbare ingreep bij baarmoederhalskanker, omdat deze het grootste succespercentage geeft. We proberen zenuwsparend te opereren, dat betekent: zo min mogelijk schaden. De zenuwen zijn namelijk erg belangrijk voor het functioneren van de blaas en de darmen. En niet te vergeten: het stukje seksualiteit.'

Ik haat het als mensen het woord 'stukje' gebruiken als het niet over eten of iets anders tastbaars gaat. Een stukje appeltaart, prima. Maar een 'stukje seksualiteit', serieus?

Inmiddels heeft dokter Picasso de overlevingspercentages op het velletje gekrabbeld. Míjn overlevingspercentages. Naast de illustratieve eierstokken die nog het meest weghebben van scheve lolly's, staan nu wolkjes met cijfers. In de één staat 60-80, in de ander 80-90. Ik snap er niets van.

Wat in ieder geval meer dan duidelijk is, is dat er een operatie gaat plaatsvinden. De allergrootste zelfs. Binnen niet al te lange tijd zal ik zonder baarmoeder door het leven gaan. Nooit zelf kinderen kunnen baren. En misschien ga ik alsnog wel dood, ondanks dit alles.

Ik wil nog vragen hoe het komt, dat ik kanker heb gekregen. Hoelang het er al zit. Of ik er iets aan had kunnen doen. Maar de meeting is blijkbaar ten einde, de twee tegenover me staan op om me een hand te geven.

'Neem dit papier maar mee,' zegt de kunstenaar terwijl hij het A4'tje in vieren vouwt. Braaf pak ik het aan. We schudden handen. Eenmaal buiten gooi ik het vel in de eerste de beste prullenbak die ik tegenkom.

De volgende stap blijkt een MRI-scan, deze wordt direct voor morgen ingepland. Ik voel opstandigheid opkomen: hallo, morgen meteen weer die hele tocht naar het AMC maken? Bus, metro, trein, waggelen naar de ingang? Kan dit niet nu aansluitend? Of anders volgende week pas?

Aan de andere kant weet ik dat er haast geboden is. Zonder MRI weten ze niet waar de tumor zich precies bevindt. Belangrijker nog: of er uitzaaiingen zijn. Daar wil ik nog niet te lang bij stil staan.

Ik moet me nuchter melden. De afspraak is pas om half één 's middags, van tevoren mag ik alleen water drinken, verder niets. De avond ervoor eet ik dan maar extra veel: biefstuk, aangemaakte sla met spekjes, gebakken aardappeltjes en veel mayonaise.

De volgende dag meld ik me op de afdeling Radiologie. Vooraf is me gezegd wat comfortabels aan te doen, zonder metalen onderdelen. Uiteindelijk heb ik maar een pyjamabroek meegenomen en een jeans aan gedaan voor de weg ernaartoe. Ik mag zelfs geen mascara op, blijkbaar kan die ook metalen deeltjes bevatten. Als compensatie ben ik niet al te zuinig geweest met rode lippenstift.

Mijn vriendin Anne gaat mee voor morele steun. Ik had het eerst afgewimpeld, maar ze stond erop. We zijn veel te vroeg, de metro's rijden vandaag blijkbaar nogal op tijd. Het resultaat is dat we ruim een half uur te doden hebben in wachtkamer nummer 4. We besluiten elkaar horoscopen uit damesbladen voor te lezen. Dat ze van zeven maanden geleden zijn – het AMC blijkt geabonneerd op een historische leesmap – mag de pret niet drukken.

Ze leest voor: 'Vandaag kan je leven een belangrijke wending nemen. Het rare is dat je daar moeite mee hebt, hoezeer je deze verandering ook gewenst hebt. Je ziet ineens de leuke kanten van je oude situatie en beseft dat je deze erg zult gaan missen. Laat jezelf echter niet weerhouden mee te gaan in de stroom der verandering. Veel veranderingen brengen een gevoel van verlies mee, en daar moet je even doorheen. Mooie herinneringen blijven je trouwens bij en zijn een schat.'

Raker kan het niet zijn. Dan vertelt Anne me lachend dat ze voor de lol me de voorspelling voor Waterman heeft voorgelezen. Ik ben Schorpioen. Samen gieren we het uit, de dame bij de balie kijkt ons vreemd aan. Dan is het tijd om de tunnel in te gaan.

De vrouw die me helpt is erg vriendelijk en legt me met zachte stem uit wat komen gaat.

'Een MRI werkt op basis van magnetische velden en radiogolven,' legt ze uit. 'Je voelt er niets van. Wel hoor je tijdens de scan een kloppend geluid. Dat is niet continu, het duurt steeds een paar minuten en elke sessie verschilt weer een beetje. Je krijgt zo van mij een koptelefoon om het geluid allemaal een beetje te dempen, maar ik wil je waarschuwen dat het alsnog best onprettig kan zijn. Maar de scan zelf doet absoluut geen pijn.'

Ik zucht. Ik kan dit.

'Hoelang duurt het ongeveer?'

'Ongeveer een half uur. Je mag je kleding aanhouden. We proberen het zo comfortabel mogelijk voor u te maken, mevrouw Van Loon.'

Opeens bedenk ik dat ik online iets heb gelezen over contrastvloeistof. Krijg ik ook nog zo'n spuit?

'Nee, maar ik geef je zo wel een injectie met Buscopan in je bovenbeen. Dat maakt je darmen even wat rustiger, zo hebben we minder last van storende beweging in de scan.'

Ik heb een prikkelbare darm en vraag me af of ik dit middeltje niet vaker kan gebruiken. Rustige darmen lijken me verdomd handig, vooral op dagen als Koningsdag of tijdens een lange vlucht.

De injectie valt mee. Daarna schuift de vrouw me in het apparaat. Het voelt nog tamelijk ruim. Over mijn borst komt een grote plaat, als een soort halve dwangbuis. Mijn armen liggen stijf naast m'n lijf. Claustrofobisch ben ik nooit geweest, maar dat ik mijn armen amper kan bewegen, vind ik wel beangstigend.

'Zo dadelijk neem ik plaats in de kamer hiernaast. Je kunt me dus niet zien, maar je kunt me wel horen via de koptelefoon. Ik ga je door de scan heen loodsen en zal steeds aangeven wanneer de nieuwe sessie weer begint. Tijdens het onderzoek moet je echt stil liggen. Als je beweegt, verstoort dat namelijk de beelden.'

Ik knik. Mijn handen worden zweterig, mijn vingers tintelen. Ik ben heel, héél slecht in stil liggen.

'Ik geef je deze alarmbel,' zegt ze terwijl ze een knop in mijn plakkerige hand duwt. 'Je staat hiermee in direct contact met mij. Als er écht wat is, kun je drukken.'

Wat volgt, valt het best te beschrijven als een bijzonder slechte uitvoering van een trance-concert. Tiësto zou zich diep schamen. Het keihard kloppende geluid komt steeds in fases, dan weer twee minuten, dan weer dertig seconden, dan weer vijf minuten. Het apparaat maakt zoveel lawaai dat ik denk dat mijn hersenen het gaan begeven, het is alsof de klussende buurman een klopboor gebruikt, maar dan naast mijn oor.

Ik probeer te overleven door me voor te stellen dat ik echt bij een concert van een dance-dj ben. Ik ben allesbehalve fan van dat soort muziek, maar probeer me toch maar voor te stellen dat ik dat wél ben. Op de staccato beat mediteer ik mee: geen-uit-zaai-in-gen, geen-uit-zaai-in-gen, geen-uit-zaai-in-gen, geen-uit-zaai-in-gen. Als ik het maar vaak genoeg herhaal wordt het hopelijk waar.

Opeens is het voorbij. De dame komt me bevrijden en zegt dat ik het goed heb gedaan. Goed? Ik? Ik realiseer me nu pas dat ik helemaal niet op het noodknopje heb gedrukt.

Terug in de wachtkamer tref ik Anne nog tussen de roddelblaadjes, ik zeg trots dat ik het overleefd heb. Tijd voor saucijzenbroodjes en een grote Starbucks-koffie in de grote aula van het AMC. Dat is misschien het enige voordeel van deze bunker: de koffie is ietsje beter dan in het OLVG.

16

De dagen na de scan voelen gek. Tijdens het wachten op de uitslag kan ik twee dingen doen: afwachten en piekeren, of lol maken. Ik heb nog steeds veel contact met Bart en het wordt steeds intensiever en gezelliger. Nu hij terug is van vakantie, besluiten we bij mij thuis af te spreken.

Het voelt gek: ik ken deze man al jaren, ben op werkweekenden met hem geweest en heb met hem op talloze borrels gestaan. We roken allebei, we hebben zoveel sigarettenpauzes gedeeld. Zelfs nog in het oude kantoor van het bedrijf, toen we nog met maar een handjevol mensen zaten te bouwen aan mooie websites.

Nu we elkaar in de Jordaan treffen, voelt alles anders. Alsof er een totaal nieuw persoon tegenover me staat. Hij heeft hetzelfde, zegt hij. Het voelt gek, eng en tegelijkertijd ongelooflijk fijn en vertrouwd.

Inmiddels ben ik lichamelijk weer soort van boven Jan. Ik heb zelfs alweer gefietst, al ging het traag en had ik moeite met de steile bruggetjes over de grachten. Alleen plassen blijft nog een tikje pijnlijk.

We praten urenlang. Zo arrogant ik hem op kantoor vond,

zo lief is hij nu. Belangstellend, geduldig en nog steeds even grappig als anders. Aan het eind van de avond gebeurt het onvermijdelijke. We zoenen. Het is een zoen waarvan ik wil dat hij geen einde kent, die smaakt naar zoveel meer. Deze liefde is onoverwinnelijk, ik voel het aan alles.

Ondertussen loopt het werk lekker door. Culy draait op volle toeren en ik inmiddels ook weer. Er worden nieuwe mensen aangenomen, samenwerkingen gesloten, er wordt geld binnengehaald. Dat moet ook wel. Als ondernemer moet de trein blijven denderen, want ik heb geen vervanger, althans niet écht. Mijn redacteuren kunnen wel eventjes wat van me overnemen, de salesafdeling kan prima wat van m'n bordje pakken, maar uiteindelijk sta ik aan het roer van dit culinaire schip.

Het thuiszitten ben ik zat, dus ik ga weer naar kantoor. Collega's lijken alweer bijna vergeten dat er wat mis is met me. Prima ook, medelijden en lieve woorden helpen de zaak niet vooruit.

Privé heb ik over aandacht niet te klagen: vrienden, familie en kennissen blijven maar vragen hoe het met me gaat. De stroom berichten is niet te stoppen. Het voelt goed dat zoveel mensen met me begaan zijn. Maar soms heb ik er ook moeite mee. Dan wil ik niet dat ik met mijn kanker alle aandacht opeis.

Ter afleiding doe ik zo veel mogelijk leuke dingen. Koffietjes met oude bekenden, wijn met vriendinnen thuis. En dan is er nog Bart. We proberen elkaar niet al te veel te zien, maar er is geen houden meer aan. We appen de hele avond, soms belt hij opeens tussen de berichten door en schrik ik – elkaars stem horen is toch anders dan berichtjes lezen.

Maar met hem durf ik het aan. Vaak kijk ik op de klok en is het opeens al half twee 's nachts, terwijl we allebei de volgende dag weer vroeg op moeten. Het is te leuk, er is te veel te bespreken. We zijn in de gelukzalige fase aanbeland dat we ons als tieners gedragen. 'Jij moet ophangen, nee, jij!' Het is duidelijk: de vlinders zijn los, ik ben tot over mijn oren verliefd.

17

Dinsdagochtend 15 augustus. Het is warm maar bewolkt, voor vanmiddag is er regen, onweer en zelfs hagel voorspeld. Die Hollandse zomers toch.

Rond twaalf uur bellen ze me met de uitslag. Inmiddels weet ik dat zo'n belofte in ziekenhuisland geen zak betekent. Het kan elf uur zijn, of drie uur 's middags. Gelukkig werk ik thuis met de telefoon bijna aan mijn hand geplakt, zelfs bij het douchen en plassen houd ik hem binnen handbereik. Het zal me niet gebeuren dat ik te laat ben met opnemen. Vandaag hoor ik eindelijk meer.

Gisteravond heb ik mijn vader over Bart verteld. Misschien zou ik daar langer mee moeten wachten, maar m'n vader weet toch altijd alles van me. Bovendien zou hij het meteen aan mijn gezicht zien als hij me ziet, de verliefdheid stroomt uit m'n poriën. Hij is ontzettend blij voor me. Als hij al bedenkingen heeft over deze 'liefde in tijden van kanker', dan weet hij dat prachtig voor zich te houden.

Binnenkort gaan we samen op vakantie, papa en ik. Een weekje Frankrijk, even lekker niks.

Om twee uur gaat de telefoon. De arts.

'Er zijn op de MRI-scan geen uitzaaiingen gevonden. Sterker nog: op de MRI is eigenlijk helemaal geen tumor te zien. Dat is natuurlijk heel goed nieuws.'

Ik voel dat er nog een 'maar' komt. Ik mag niet te vroeg juichen.

'Omdat dat niet overeenkomt met wat we dachten, willen we een kijkoperatie doen. Komende vrijdag al.'

Verdomme, ik dacht dat die MRI afdoende zou zijn.

'Die kijkoperatie zal wel onder volledige narcose plaatsvinden. We kijken alleen, er wordt niet écht geopereerd. Pas na de operatie kunnen we je een definitieve behandeling adviseren. We gaan vooralsnog nog steeds uit van een radicale baarmoederverwijdering. Dat zal de kijkoperatie moeten bevestigen.'

Ik hap naar adem. Geen tumor zien en dan toch dit advies? Hoezo? Maar de arts heeft geen tijd meer voor verdere vragen.

'Je zult later vandaag door een planner worden gebeld om alle details door te nemen. Tot vrijdag.'

Ik bel mijn vader om het nieuws met hem te delen en hem om advies te vragen. Moet ik het normaal vinden dat er steeds zoveel onduidelijk is? Vraag ik te veel? Misschien ben ik wel een te grote controlfreak en moet ik het gewoon allemaal over me heen laten komen. Nou, dat lukt dus niet. Mij niet. Ik wil alle antwoorden, op alle vragen.

Die besparende operatie, bijvoorbeeld. Is dat echt geen optie? Ik ben nog zo jong, ik vind het nogal wat om op mijn leeftijd meteen een heel orgaan eruit te trekken bij een paar kankercelletjes. Zeker als die hele klotetumor amper te zien is bij een MRI-scan.

Misschien moet ik een second opinion aanvragen!

Maar mijn vader kan me niet helpen, hij heeft dezelfde vragen als ik.

De dag voor de kijkoperatie bedenk ik opeens dat ik nog een e-mailadres heb van een gynaecologisch verpleegkundige bij het OLVG. Zij is tevens aanspreekpunt voor vrouwen die met wat ingewikkeldere kwesties kampen. Bij het AMC heb ik alleen contactgegevens van de 'grote' artsen en die kunnen me hierbij niet helpen. Ik stuur haar een bericht met mijn vragen en zorgen. Ze mailt vrijwel direct terug.

'Na het onderzoek van morgen krijg je meteen een gesprek. En natuurlijk worden jouw wensen meegenomen in het behandelplan. Het gaat om jou! Een eventuele second opinion in Nijmegen behoort zeker tot de mogelijkheden, daar wordt vaker gebruik van gemaakt. Het zou zelfs meteen de week na je vakantie kunnen, als je dat wilt.'

Ik zou haar wel dwars door mijn computerscherm willen trekken om haar een zoen te geven. Deze vrouw is vandaag mijn heldin: ze neemt de tijd voor me en ik voel me eindelijk serieus genomen en gerustgesteld. Eerst maar eens die kijkoperatie en dan zien we wel weer verder. Babysteps.

Mijn andere held is Bart. Hij staat erop om me vanavond met de auto naar het ziekenhuis te brengen, want ik moet de nacht voor het onderzoek al aanwezig zijn. De kijkoperatie is om acht uur 's ochtends gepland. Er is een bedje voor me gereserveerd in Hotel AMC – inclusief roomservice en wekdienst.

'Ik ga gewoon met het openbaar vervoer, hoor! Of desnoods een taxi,' roep ik aanvankelijk stoer door de telefoon. Echt sexy vind ik mezelf zo niet, als behoeftige vrouw.

Maar Bart wil er niets van horen.

'Geen sprake van, Mo. Ik haal je op en blijf bij je totdat ze me wegsturen.'

Ik geloof dat ik vandaag nog een stukje verliefder ben geworden.

We zoeven over de ring richting AMC. We lachen, luisteren muziek en kletsen alsof we naar het strand rijden. Alles beter dan de harde realiteit. Morgenochtend word ik opnieuw onder narcose gebracht. De vorige keer is nog maar zo kort geleden. Zou je lichaam daar onder lijden, twee keer narcose in zo'n korte tijd?

We zijn veel te vroeg; het is pas half negen en officieel moet ik er voor tien uur 's avonds zijn. Bart stelt voor een rondje ziekenhuis te lopen om de tijd te verpozen.

In het winkeltje in de grote hal kopen we wat lekkers: een saucijzenbroodje en beker koffie voor hem en een bus Pringles en een mango-smoothie voor mezelf. Opeens slaat de onzekerheid toe. Over de kijkoperatie, of ze nog wat geks gaan vinden. Maar ook over de hele situatie met Bart. Als je net verliefd bent, nog niet eens officieel een stel, is het dan wel handig om hem mee te nemen naar het ziekenhuis? Gaat hij me vanaf nu zien als een sneue patiënt? Of als potentiele geliefde?

Dit is wel het vreemdste begin van een relatie, als het dat al gaat worden.

Ik kan twee dingen doen: zwijgen of het bespreekbaar maken. De oude Monique had misschien het eerste gedaan. De huidige kiest voor optie twee.

'Bart, ik wil iets tegen je zeggen,' begin ik. Hij neemt de laatste hap van zijn broodje en kijkt me aan.

‘Ik weet dat het niet normaal is om dit in deze fase al te zeggen. Maar de feiten zijn nu eenmaal zoals ze zijn. Ik ben ziek. Ik hoop dat ze me beter kunnen maken. Ik ga er met alles wat ik in me heb van uit dat ze dat gaan doen. Maar ik...’

Ik pauzeer even om zeker te zijn van wat ik hierna ga zeggen. Want als ik dat doe, is er geen weg terug.

Diep ademhalen. Gewoon zeggen.

‘Ik wil niet iets met jou starten in deze periode als ik niet zeker weet dat je serieus bent. Dat je blijft. Ook als het fucking zwaar wordt. Ook als ik straks een zielig hoopje mens ben. Ik moet zeker weten dat je het meent. Met mij. Met ons.’

Bart is even stil.

Ik ook.

De aula van het AMC is leeg, we zijn de enigen die aan een van de houten picknicktafels zitten. De tl-verlichting is fel, het moment is allesbehalve romantisch.

‘Ik ben serieus, Mo. Ik wil jou. Ik ga niet weg. Ik blijf bij je.’

18

Het wordt een helse nacht. Bij het afscheid zoenden Bart en ik uitgebreid voor de liften van de vijfde verdieping, en word ik naar mijn bed gebracht. Ik blijk de kamer te delen met drie andere vrouwen. Eentje heeft haar tienkoppige Turkse familie meegebracht en als ze weg worden gestuurd door de verpleging, praat ze vrolijk met hen verder via de telefoon. De speaker staat zo hard dat de hele kamer kan meegenieten. Als ik Turks kon verstaan, had ik er misschien nog een beetje lol aan kunnen beleven.

De tweede mevrouw snurkt als een varken en laat knoerthardescheten in haar slaap. Ik en de andere kamergenoten hebben geluk dat de scheten niet zo hard ruiken als ze klinken. De derde mevrouw in het bed naast mij krijgt elk uur van de nacht een nieuw infuus. Om de zestig minuten klinkt een aanhoudende, snerpende piep om de verpleging te alarmeren, soms komen ze meteen, meestal houdt het geluid lange tijd aan.

Als ik voor mijn gevoel net van uitputting in slaap ben gevallen, word ik ruw gewekt door de verpleging. Ik kijk op mijn telefoon voor de tijd. Zes uur?! De kijkoperatie is pas om acht uur! Wat ga ik hier dan nog twee uur liggen doen?

Ik mag alleen een slokje water om medicijnen in te nemen. Paracetamol en een of ander kalmeringsmiddel. Verder moet ik nuchter blijven, dus de komende twee uur lig ik hier met een droge bek. Grappig eigenlijk, dat ik deze twee pilletjes krijg. Ze gaan me straks onder narcose brengen met ketamine en andere paardenmiddelen. Wat voegt die vijfhonderd milligram paracetamol dan nog toe?

Terwijl ik terug in slaap probeer te dommelen, wat niet lukt omdat er ieder kwartier iemand in de kamer staat om iemands temperatuur of bloeddruk op te meten, denk ik aan wat komen gaat. Vandaag gaan ze alleen kijken, niet snijden. Het enige wat ik zal merken is de narcose. Hoe zal het straks zijn op de uitslaapkamer? Zal ik weer de laatste zijn die wakker wordt?

Gelukkig komt mijn vader me straks ophalen. Hij zal er zijn als ik weer bij ben.

Om half acht rijden ze mijn bed naar een soort voorbereidende kamer waar al zes anderen liggen te wachten. Als varkentjes op weg naar de slachtbank. Niemand heeft iemand om mee te praten, een telefoon om op te pielen of een glas om uit te drinken. Allen wachten rustig af tot ze naar de OK mogen. Als er al paniek is bij iemand, is dat niet te zien. Bij mij ziet ook niemand iets, denk ik.

Ik wip met mijn tenen tegen de dekens en wiebel mijn vingers. Een verpleegster vraagt of ik het koud heb. Ik knik van ja. Niet veel later komt ze terug met een verwarmde deken, een soort katoenen wafeldoek die net uit de magnetron lijkt te komen. Het voelt heerlijk aangenaam en ik rol mezelf er helemaal in op.

Als de anesthesioloog aan mijn bed komt, is het net als in het OLVG weer een fraai exemplaar. Hij lacht om mijn cc-connetje.

'Ligt u een beetje comfortabel, mevrouw Van Loon?'

Zijn alle anesthesiologen zo knap of heb ik gewoon steeds geluk?

Hij neemt wat gegevens met me door en vertelt me dat ik een beetje vertraging heb, de operatiezaal is nog bezet. We kletsen nog wat totdat hij wordt weggeroepen.

'Tot zo, mevrouw Van Loon. Ik zal een lekkere slaapcocktail voor u maken.'

Zo mag ik het horen.

Een paar uur later, het voelt als een week, ben ik weer niet wakker te krijgen. Dit keer krijg ik geen perenijsje tegen mijn uitgedroogde lippen, maar een norse verpleegkundige die me sommeert te ontwaken. Ik heb geen zin, ik lig nog te lekker...

Blijkbaar zeg ik dat hardop, want de verpleegkundige antwoordt knorrig: 'Je kunt blijven liggen, maar ik ga je wel naar de afdeling Dagbehandeling rijden. Er komt straks een arts bij je om te vertellen hoe het is gegaan. Bel je zo zelf even je bezoek dat je klaar bent?'

Pardon?! Ik weet niet waar mijn telefoon is. Ik weet amper mijn eigen naam, zo stoned ben ik nog van de narcose. En nu moet ik zelf mijn vader gaan bellen? Hopelijk wacht hij al beneden in de hal. Ga ik eigenlijk naar dezelfde kamer terug als waar ik vannacht sliep?

Eenmaal terug in de kamer, zie ik mijn tas in het kluisje naast het bed. Die zit niet eens op slot. Geen idee of ik die daar zelf in heb gezet, maar dat moet haast wel. Ik hijs mezelf uit bed en strompel naar het kluisje voor mijn telefoon. Er is dan wel niet echt geopereerd, maar dit is te veel gevraagd, ik ga bijna van mijn stokje.

Gelukkig komt er een andere verpleegster aansnellen die me terug in bed helpt en mijn telefoon voor me pakt. Ik bel mijn vader, de toon gaat slechts twee keer over voordat ik zijn vertrouwde stem hoor. Hij stond al klaar en vertrekt meteen, samen met Ank. Over iets meer dan een uur zullen ze er zijn.

Na een uur voel ik me alweer redelijk goed, al lig ik nog wel in bed. Mijn vader en Ank zitten naast me. Ik heb dorst als een uitgedroogde kameel en drink de kartonnen beker thee die mijn vader heeft meegebracht gulzig leeg.

Er is nog geen eten te bekennen en het is inmiddels ruim na lunchtijd. Dat ik kanker heb is één ding, dat ik niks lekkers kan eten vind ik nu bijna nog erger.

We moeten wachten op de arts. Het is fijn om direct na de kijkoperatie een gesprek te hebben want ik wil weten waar ik aan toe ben. Elke minuut wachten voelt als een uur. Baarmoeder eruit of niet? Uitzaaiingen of niet? Ga ik snel dood, of niet?

Pas om vijf uur 's middags, ik ben inmiddels doodsbang en bloedchagrijnig, word ik opgehaald om naar een spreekkamer te gaan.

Daar zit mijn bekende oncoloog dokter V, samen met een nieuw gezicht. Hij stelt zich voor als dokter C, arts-assistent. Ook hij blijkt eierstokjes te kunnen tekenen, zij het iets beter dan zijn collega een paar weken geleden.

Er volgt een lang verhaal samen met eindeloze schetsen. Waar het op neerkomt: de tumor in mijn baarmoederhals zit er nog. Het gezwel blijkt een gezwelletje. Iets minder dan twee centimeter.

'Maar het is te veel om te laten zitten,' verduidelijkt dokter C.

Tien tegen een dat hij toch die radicale baarmoederverwijdering gaat adviseren. Voor een tumor zo klein als een dobbelsteen. Het voelt een beetje alsof m'n hele arm eraf gehakt gaat worden, omdat ik iets aan mijn pink heb.

'We raden inderdaad de baarmoeder-verwijderende operatie aan. Alleen zo kunnen we volledig garanderen dat de tumor weg is.'

Nogal wiedes, vriend. Je haalt tenslotte het complete orgaan eruit.

'We hebben het eerder gehad over een besparende operatie, wellicht in Nijmegen. Is dat nog een optie?' begint mijn vader.

'Zo'n fertiliteitsparende behandeling is niet aan te raden bij het type kanker dat uw dochter heeft,' zegt de arts.

Au. Die zin deed pijn.

Hij vervolgt zijn uitleg. 'Ze heeft een adenocarcinoom. Dit type kanker zit in de klieren, dieper in het weefsel. Daardoor is het ook veel moeilijker om te herkennen. Het kan best zijn dat het er al jaren zit. Daarom raden we een radicale baarmoederverwijdering aan.'

Die second opinion moet ik maar vergeten. Het is wel duidelijk dat dit gewoon *the way to go* is. Prik de datum maar. Hoe eerder hoe beter.

19

Maar dan is er eindelijk ook een keer goed nieuws. Of nou ja, een beetje dan. Ik word doorverwezen naar het Antoni van Leeuwenhoek. Dat moet een soort hemel zijn vergeleken bij het AMC. Of is het ongepast om een kankerziekenhuis zo te noemen?

Het slechte nieuws is dat ik braaf moet wachten op de doorverwijzing. Ik kan hier zó slecht tegen. Ik wil door, een datum vastleggen, ik wil van die kuttumor af. Desnoods prikken we een datum voor over een paar maanden. Dan kan ik tenminste nog een tijdje lekker werken, feesten, leven. En liefhebben, want Bart is er nog steeds. Zoals beloofd, maar toch. Best wel bijzonder.

Ook bijzonder: hoe vriendelijk ik te woord wordt gestaan door de receptioniste van het AVL.

'Mevrouw, voor welk type kanker belt u?'

Well, that's a first. Helaas kan ze me niet veel wijzer maken en ze raadt me aan opnieuw bij het AMC te informeren.

Als ik de assistent in het AMC voor de zoveelste keer bel voor meer informatie, zegt hij bot: 'Mevrouw Van Loon, het spijt me dat ik het zo breng, maar er zijn patiënten in groter levensgevaar dan u op dit moment. U wordt dit jaar nog behandeld, daar ben ik zeker van, maar andere gevallen gaan nu voor. De wachttijd bedraagt rond de zes tot acht weken, vanaf het moment van intake. Ik heb al uw gegevens doorgestuurd. U wordt vanzelf gebeld.'

'O, zes tot acht weken? Dat is goed om te weten. Ik ben ondernemer, ziet u, het is wat lastig vervanging vinden als ik niet weet wanneer ik geopereerd ga worden. Maar met deze informatie ben ik echt al superblij!'

Superblij. Ik hoor het mezelf zeggen.

Om de tijd te doden, werk ik me een slag in de rondte en plan ik mijn agenda bomvol. Ik ben niet gemaakt om te wachten, als ik bezig blijf is het makkelijker vol te houden. Ik koop Gucci-schoenen, zwarte loafers die ik al heel lang wilde hebben maar altijd veel te duur vond. Ik voel een soort constante *'fuck it'-vibe*. Wie weet hoe ik uit de operatie kom en wanneer die is? Wie weet of ik volgend jaar überhaupt nog leef? Koop de schoenen! Koop alles wat je wilt!

Gelukkig ga ik bijna op vakantie naar Frankrijk, mijn vader en ik gaan de Bourgogne onveilig maken. Zon, wijn en lekker eten zorgen sowieso voor afleiding, al zal ik Bart wel flink missen.

Hij heeft me officieel verkering gevraagd. Op 21 augustus. Weer een 21, en hij wist niet eens van mijn geluksgetal.

De manier waarop was heerlijk *corny*: via een kaartje aan een fles champagne. Er bungelde ook een stift aan, vastgeknoopt met een touwtje. Er stonden twee keuzes onder de vraag op het kaartje: een vakje 'ja' en een vakje 'nee'.

Ik heb het vakje 'ja' aangekruist en als een kleuter het briefje weer teruggeven, alleen dan niet via acht klasgenoten zigzaggend tussen schoolbanken, maar gewoon meteen aan hem. We aten bij Morgan & Mees, tussen de steak tartare en de zeebaars door schoof hij de fles naar me toe.

Nu heb ik een vriend met lieve gebaren en hij een vriendin met kanker. Als dat maar goed gaat.

'Blijft angstvallig stil vanuit het ziekenhuis,' appt mijn vader een paar dagen later. 'Wat is jouw plan? Afwachten of toch maar weer bellen? Wel vervelend zo!'

'Stom hè,' stuur ik terug. 'Ik ga er sowieso vanuit dat het na de vakantie wordt, hoor. Niks aan te doen. Ik heb ze nu al drie keer gebeld.'

'En ze weten van onze vakantie?'

'Ze had het nog speciaal genoteerd.'

'Tja, dan weet ik het ook even niet. Of kun je dokter C extra druk laten zetten?'

'Het kloterige is dat ik artsen niet rechtstreeks kan bellen.'

Ik kan mijn vader horen zuchten, al kan dat niet in een tekstbericht. Ik zie hem voor me, typend aan de eetkamertafel in Brabant. Gelukkig verandert hij de richting van het gesprek.

'De eigenaar van het huis waar we heen gaan vertelde dat volgende week de druivenpluk start. Ik heb er zin in, meis.'

Ik ook, pap.

De dag voor we naar Frankrijk vertrekken, komt dan eindelijk het verlossende woord. Mijn doorverwijzing naar het AVL is definitief, de arts die me gaat behandelen heet dokter L. Op maandag 4 september, de eerste dag na mijn vakantie, zal ik een intake met haar hebben.

Natuurlijk blijven de overlevingspercentages hetzelfde en

gok ik dat de baarmoederverwijdering niet van de tafel gaat. Maar van wat ik heb gezien en gehoord is het AVL het beste ziekenhuis. Hier werken de knapste koppen. De beste plek om nooit te willen hoeven komen.

Een dag later zitten we in de auto, op weg naar de mooiste wijnstreek van het mooiste land ter wereld, als je het mij vraagt. Mijn vader en ik zijn enorme francofielen: vroeger gingen we vrijwel nooit naar een ander land op vakantie. Meivakantie, zomervakantie, herfstvakantie: altijd Frankrijk, al was het vaak een andere streek. Nu gaan we naar de Bourgogne. Die zit in ons hart: we houden van het landschap, de geuren, het eten en de wijn.

We hebben een huisje geboekt tussen de wijnvelden van Viré, Azé en Clessé. Vlak bij ons huis ligt het plaatsje Saint-Maurice-de-Satonnay, onder de rook van Mâcon. De naam is al net zo mooi als het dorpje zelf, al heeft het weinig om het lijf: één kerkje op nog geen vierhonderd inwoners.

Vroeger, als we naar Zuid-Frankrijk reden, gebruikten we dit gebied vaak als een stop om te overnachten. Waar we ook sliepen, of het nu een *chambre d'hôte* of een goedkoop Fi-hotel was, we gingen altijd eten in Saint-Maurice-de-Satonnay, bij een restaurant dat we 'De Kikkerkoning' noemden. Op het menu: kikkerbilletjes. Als kind was ik al een gulle eter. Je maakte me niet blijer dan met slakken in kruidenboter, eendenpootjes in het vet of kikkerbillen in een grote plas knoflookolie.

Nu we er in de buurt zijn, wil ik er graag weer naartoe. Zou De Kikkerkoning nog bestaan? Na wat googelen vind ik de zaak, Auberge des Grenouillats heet het, toch iets met kikkers dus. Ik reserveer meteen voor de volgende dag.

We pakken onze koffers uit in het oude druivenplukkershuisje waar we deze week zullen slapen en dat tegenwoordig aan toeristen zoals wij wordt verhuurd. Veel hout, geen airco, matige wifi, maar het deert me niet. Ik slaap op de eerste verdieping in een groot bed, met een dakraam loodrecht boven me. Het zal wel lekker warm worden, er is tropisch weer voorspeld.

De tuin is ruim met veel gras, een appelboom en een aantal druivenstruiken. Wereldberoemde bourgogne-druiven, hier zomaar voor het plukken. Onder de beschutting van een gigantische eikenboom staan twee ligstoelen en een grote tafel met zes stoelen waaraan we riant kunnen eten. Ik verheug me nu al op het verse stokbrood en de romige boter zoals die alleen in Frankrijk te koop is. Op de tafel binnen liggen een routekaart en een stapeltje folders met lokale activiteiten, het is net alsof het nog 1998 is en we met het gezin op vakantie zijn. Kommen voor de koffie, *tasses de café*, in plaats van mokken. Een grote open haard met een mand vol houtblokken, een schaal walnoten met een zilveren kraker ernaast. Echt Frans.

'Ik vind het echt heel fijn om hier met jou te zijn, pap,' zeg ik terwijl ik de T-shirts uit mijn koffer recht strijk en opnieuw opvouw op de eettafel. Mijn vader krijgt tranen in zijn ogen. We zijn allebei emotionele mensen en sinds de scheiding is hij dat nog wat meer dan vroeger.

'Ik ook. En door jouw situatie nog meer dan anders.'

Mijn ene wenkbrauw schiet omhoog. 'Nu lijkt het net alsof ik doodga.'

'Zot!' roept hij. Een Brabantse liefkozing die hij alleen voor mij gebruikt.

'Ja, jij begon.'

'Alles voelt gewoon wat minder vanzelfsprekend,' antwoordt hij.

De rest van de week doen we precies waar we zin in hebben: we kopen wijn bij lokale wijnboertjes, gaan uitgebreid uit eten, halen paté bij de slager en kopen de *supermarché* leeg. Dit zijn de momenten waar het om gaat. Ik weet niet wat ik ooit zonder mijn vader zou moeten.

Wel merk ik dat ik trager ben dan voorheen. Een half uurtje over een markt lopen en ik ben al moe. Een heuvel op proberen te rennen en mijn lichaam protesteert. Opeens dringt het tot me door dat ik ziek ben. Een patiënt.

Gelukkig is mijn vader er om me op te peppen. Onze manier van met problemen omgaan is elkaar stangen en opjutten. Hoe harder de grappen, hoe groter de liefde. Niet iedereen snapt onze galgenhumor.

Als we op een smal weggetje lopen dat eigenlijk louter voor automobilisten is bedoeld, dagen we elkaar uit.

'Pap, ga eens aan de buitenkant lopen, als er iemand het eerst moet gaan, ben jij het. Jij bent tenslotte de oudste.'

'Ja hállo, jij bent hier de terminale patiënt. Loop jij maar in de binnenbocht.'

Het is precies deze humor die ziek zijn lichter maakt.

20

We komen op vrijdag terug. Maandag ga ik naar mijn nieuwe dokter in het Antoni van Leeuwenhoek. Maar het weekend is nu en van mij en Bart.

Helaas is het mooie nazomerweer voorbij. De regen klettert op de straten. Als ik zaterdagochtend naar de Noordermarkt loop, soppen mijn blote voeten in mijn nieuwe leren schoenen. Opeens realiseer ik me dat de zomer over is. Ik heb er amper van kunnen genieten. Het is september, de mooiste maanden zijn voorbij en ik heb de afgelopen tijd misschien maar vier keer op een terras gezeten. Ik liet vaker mijn bloed prikken dan dat ik buiten in de zon een fles wijn soldaat heb gemaakt.

Maar dit weekend maakt het me niets uit. Met Bart sluit ik me op in zijn appartement, op een kwartiertje fietsen van het mijne in de Helmersbuurt in Oud-West. Zijn huis is stukken groter, met grote ramen aan de voorkant en een balkon aan de achterzijde. Vanuit daar kijk je uit over allerlei kleine binnenplaatsen die als een tetris-spel in elkaar passen, de ene klein en vierkant, de ander in een langgerekte L-vorm. In een van de tuintjes staat een esdoorn waar als het hard waait van die helikoptertjes vanaf vliegen. Als ik een paar van die vleugeltjes op Barts balkon zie liggen, moet ik denken aan de buitenspeelplaats van mijn basisschool, daar lag het ook altijd bezaaid. Ik hoop dat er over een paar maanden, als de herfst op zijn hoogtepunt is, nog meer te vinden zijn.

De Helmersbuurt voelt anders dan de Jordaan, rustiger misschien, dat blijk ik verrassend fijn te vinden. Er zijn wel minder ambachtelijke zaakjes, gekke tweedehandswinkels en oude dames met spiegeltjes aan het raam om de buurt in de gaten te houden. Ik voel me thuis op zijn adres. Zowel Bart als zijn huis geven me een warm gevoel. Hij heeft een grote televisie en een leefbank, echt zo eentje om je in op te krullen. Het is lang geleden dat ik zo'n grote bank heb gehad en het maakt me direct blij.

Totaal toevallig valt dit weekend exact zes weken na mijn conisatie. Ik bedenk het als ik op zaterdagochtend door mijn agenda blader. De magische zes-weken-grens.

Bart en ik hebben natuurlijk al wel wat zitten vozen, maar echte seks durfde ik nog niet aan na die pijnlijke ingreep. Mijn lichaam voelt nu zo goed als hersteld, maar het blijft spannend. Wat als er dadelijk toch wat knapt van binnen en ik weer naar de spoedeisende hulp moet? Wat als het voor hem anders voelt, nu er al een stukje baarmoederhals is weggehaald? Wat als het bij mij pijn doet?

En dat is alleen nog maar het lichamelijke gedeelte.

Gelukkig kan ik er met hem goed over praten. Ik deel mijn angsten, hij stelt wat vragen, allebei niet te veel. We willen het moment niet verpesten.

Uiteindelijk brengen we het hele weekend door in bed. Alles blijkt het nog te doen. Seks is nog net zo fijn als daarvoor, zo niet fijner. Want het is met Bart en dat maakt al het verschil.

Maandagochtend word ik wakker in de harde realiteit: intake in het Antoni van Leeuwenhoek. Ik besluit er alleen heen te gaan. Bart moet naar zijn werk en ik wil niet dat hij zich verplicht voelt om bij élk medisch ding aan te sluiten. Mijn vader en Ank bieden aan om naar Amsterdam te komen, maar ik zeg dat het echt niet hoeft van mij. Deze afspraak kan ik wel eventjes alleen af. Ik kan er tenslotte zelf naartoe fietsen.

Vanaf de Lindengracht is het ruim een half uur met de fiets, maar ik vertrek vandaag vanaf Barts adres en dan is het nog maar een krappe twintig minuten. Gelukkig is er geen regen voorspeld. Ik wil daar niet als een verzopen kat arriveren.

Als ik de lange Plesmanlaan af fiets en links afsla bij het stoplicht, zie ik het gebouw nog helemaal niet liggen. De routeplanner die ik op mijn mobiel heb aangezet, toetert via de koptelefoon in mijn oren dat ik er moet zijn. Ik zie niks. Terwijl ik afstap, mijn telefoon pak en de kaart op het scherm inzoom, zie ik dat ik met de fiets een tussenweggetje moet pakken. Er zullen wel weinig mensen op de fiets naar het AVL gaan. Misschien zijn de meeste daar wel te ziek voor, bedenk ik, en voel hoe mijn moed en mijn goede humeur van de afgelopen week me meteen in de schoenen zinken.

Als ik een ventweg afrijd en rechts afsla, zie ik het gebouw. Breed en modern met lichtbruine tegels. Veel glas, hoge pilaren en met een groen plantsoen ervoor.

Ik parkeer mijn fiets in het rek – ik blijk toch niet de enige die dit vervoersmiddel heeft gekozen – en loop door de draaideur. Ondanks de beladen reputatie als beste oncologische ziekenhuis van Nederland, hangt hier meteen al een prettige sfeer. Met een beetje fantasie doet het interieur denken aan zo'n Zwitserse privékliniek, zoals je die alleen in films ziet. Licht, ruim opgezet, met overal zuilen waarop je je digitaal kunt aanmelden. Een last valt van mijn schouders. Een zucht uit mijn mond. Dit voelt bijna als thuiskomen.

Er staat een hele rits afspraken voor me op de planning deze ochtend. Ik blijk namelijk niet alleen een gesprek te hebben met mijn nieuwe behandelend arts, de intake behelst ook inschrijven bij de balie, bloed prikken, wegen, meten en tot slot een bezoekje aan de afdeling Anesthesie. Voor de derde keer in korte tijd mag ik weer mijn medische dossier doornemen met een anesthesioloog.

Het inschrijven en het aanmaken van een patiëntenpas blijkt een fluitje van een cent. Ook een verademing: ik word van de ene naar de andere plek geholpen door een vrijwilliger. Daar zijn er een heleboel van. Ze groeten je bij binnenkomst, helpen je bij de aanmeldzuil en lopen met je mee van A naar B. Deze mensen maken dat ik me mens voel in plaats van een nummertje.

Eerst moet ik bloed laten afnemen. Inmiddels ben ik daar zo aan gewend geraakt, dat ik fluitend door het proces heen ga. Twee buisjes? Vier? Zes? Ik draai er mijn hand niet meer voor om. De dame die het afneemt is lief, een soort tante met guitige wangen en een zee van dik blond haar. Ze prijst mijn tatoeages, 'maar die slang op je arm vind ik wel een beetje eng, hoor', en helpt me in mijn jasje nadat ze aan de binnenkant van mijn elleboog een pleister heeft geplakt.

Ik word gewogen en gemeten – 54 kilo, 1 meter 67. De

dienstdoende verpleger geeft me een compliment en zegt dat ik in goede vorm ben.

'Dat helpt bij een herstelproces. Wees maar trots op jezelf.'

Bijna wil ik hem omhelzen en denk ik: als je dan toch kanker hebt, dan maar op deze plek. Zoveel liefde en hartelijkheid op één maandagochtend, ik kan het bijna niet aan. Dat scheelt een slok op een borrel, zegt de stem van mijn moeder in mijn hoofd.

Dan is het tijd voor het echte werk: de eerste ontmoeting met dokter L, mijn gynaecologisch oncoloog. Ze blijkt een slanke blonde vrouw met een lief gezicht en de meest warme stem die ik ooit heb gehoord. Zo iemand die 'het komt wel goed' tegen je kan zeggen en dat je het dan in elke vezel voelt. Een arts zo empathisch, ik vind het een unicum.

Met alle rust loopt ze door mijn dossier heen. Ze stelt hier en daar een vraag, laat me rustig uitpraten. Ik word bijna enthousiast om met mijn behandeling te beginnen. Samen kunnen we die tumor wel aan! Wat kunnen we doen, wanneer? Laten we de agenda's trekken!

Zoals verwacht raadt ook zij de radicale operatie aan.

'Het is een zeer ingrijpende operatie, Monique. Je zult hierna zelf geen kinderen kunnen baren. Wel laten we de eierstokken en eileiders bij je zitten. Je maakt dus nog wel eitjes aan, mocht je ooit toch besluiten een kindje te willen, dan zou dat met behulp van een draagmoeder kunnen. Maar laten we dat voor nu even parkeren en op een later moment bespreken.'

Zij kent duidelijk ook het concept van problemen parkeren, een principe dat ook ik regelmatig inzet in mijn leven.

'Je eierstokken laten zitten heeft als bijkomend voordeel

dat je niet direct in de overgang komt. Dat scheelt alweer een beetje in het natraject. Mocht je ooit nog radiotherapie moeten ondergaan, dan kunnen we de eierstokken hoger in de buik plaatsen met een operatie, een transpositie noemen we dat. Dan worden de eierstokken niet aangetast door de bestraling.'

Ik knik beduusd.

Er blijkt nog veel meer nieuwe informatie. Gelukkig neemt ze het zorgvuldig en kalm met me door. Ze belooft het ook allemaal nog voor me op te schrijven omdat het logisch is dat ik nu niet alles onthoud.

'Iets anders. Positief nieuws,' vervolgt ze. Dat klinkt goed. Ik ben dol op positief nieuws.

'Sommige operaties kunnen hier uitgevoerd worden door een speciale robot, Da Vinci heet-ie. Omdat jouw tumor niet al te groot is, kom je daarvoor in aanmerking. Samen met een andere chirurg bestuur ik deze robot. Niet direct bij je buik, maar op afstand. Wat er gebeurt zien we op een scherm. De robot vertaalt vervolgens met extreme precisie onze bewegingen,' legt ze uit. 'Het voordeel is dat er maar een aantal kleine sneetjes in je buik hoeven te worden gemaakt. Door deze openingen worden de instrumenten ingebracht en dan kan er met grote precisie worden geopereerd. We raken minder snel zenuwen, jij houdt minder grote littekens over én je herstelt sneller.'

Ik zit ademloos te luisteren. Dit klinkt bijna leuk.

'Zelf ben ik nogal fan van deze operatie,' zegt dokter L terwijl ze bij ieder voordeel dat ze opsomt mijn glimlach groter ziet worden.

'We zetten de robot steeds vaker in en de resultaten zijn zó goed. Maar nu terug naar jou. Baarmoederhalskanker kan ontzettend goed worden geopereerd met dit apparaat. Het enige is wel dat de wachtlijst voor deze robot wat langer is, we hebben er maar één.'

Ik bijt op mijn lip. Hoelang zou dat ongeveer duren?

'Je hebt dadelijk nog even een afspraak met de verpleegkundig specialist, zij gaat je daar meer over vertellen. Sowieso kom je dit jaar aan de beurt.'

In mijn hoofd haal ik mijn agenda tevoorschijn. Over twee maanden word ik negenentwintig. Een maand later is het alweer sinterklaas, daarna kerst, oud en nieuw...

Het worden gekke maanden.

'Dan nog iets anders,' vervolgt ze. 'Volgens het protocol raden we je de Wertheim-Meigs aan. Dat is de radicale operatie waarbij de baarmoeder samen met de baarmoederhals, een stuk van de vagina, de zogenaamde "ophangbanden" van de baarmoeder en lymfeklieren in de onderbuik worden verwijderd. Maar dat wist je al, toch?'

Ik knik.

'Nu wordt er sinds een paar jaar onderzocht of deze zware operatie wel nodig is voor een relatief kleine tumor. Zeker bij jonge vrouwen zoals jij. Daarom is er internationaal de SHAPE-studie opgericht. Om te kijken of een kleinere operatie, waarbij alleen de baarmoeder en omliggende lymfeklieren worden verwijderd, net zo effectief is. We noemen dit de "gewone baarmoederverwijdering".'

Verward kijk ik haar aan. Is er nóg een optie, naast de besparende operatie die voor mij niet kon? Waarom hoor ik hier nu pas over? Had ik dit kunnen weten als ik een second opinion had gevraagd?

'Je moet wel aan een aantal voorwaarden voldoen om aan deze studie mee te mogen doen. Dat heeft te maken met leeftijd, de grootte van de tumor, je al dan niet aanwezige kinderwens en hoe gezond je verder bent. Maar ik verwacht dat jij geschikt bent. Het enige is dat je daarna een jaar lang wat vragenlijsten in zult moeten vullen.'

Dit klinkt fantastisch. Hoe minder weggehaald, hoe beter, toch? Ze ziet me bijna juichen.

'Ik kan me voorstellen dat dit goed klinkt. Maar je moet wel beseffen dat het een studie is, en het protocol niet voor niets de radicale operatie voorschrijft. De kans dat de kanker terugkomt, zou wel iets groter kunnen zijn. Maar tussen jou en mij: ik denk dat het risico daarop klein is in jouw geval. Het is geheel jouw keuze en ik mag deze niet beïnvloeden, maar ik raad je in ieder geval aan je in te lezen over deze studie.'

'Nee, *sign me up*, dit klinkt super!' roep ik enthousiast.

Ze moet weer lachen.

'Ik begrijp dat je hier opgetogen van raakt, even los van je omstandigheden die natuurlijk ontzettend rottig zijn. Maar weet wel: het is een loting. De ene helft van de testgroep krijgt alsnog de radicale operatie, de andere helft de gewone.'

Wacht even: het wordt een soort roulette? Rood of zwart? Ik ga toch verdorie niet met mijn lichaam gokken alsof ik in het casino zit? Spreid je benen én je winkansen.

Ik sla mijn ogen neer. Mijn hoofd tolt van al deze informatie. Wat moet ik hiermee?! Dokter L ziet mijn reactie en reageert begripvol.

'Ik begrijp wat je denkt. Misschien wordt het makkelijker als je je realiseert dat je zonder mee te doen aan deze studio sowieso honderd procent zeker de radicale ingreep krijgt. Als je meedoet, is de kans in ieder geval nog fifty-fifty. Denk er maar rustig over na, mijn collega kan je er zo nog wat schriftelijke informatie over meegeven.'

Met een dubbel gevoel loop ik haar kamer uit. Ik besluit een kop thee in de kantine te drinken om alles op een rijtje te krijgen.

Terwijl ik in de rij voor de kassa sta bekijk ik de andere mensen in de hal. Je ziet niet wie patiënt is en wie 'begeleider'. Is het raar dat ik heel veel kale hoofden had verwacht? Of mensen met neussondes of met zo'n infuusrek met een zak vocht eraan? Eigenlijk zie ik alleen mensen die ik ook zo in de stad had kunnen tegenkomen. Niemand oogt aan de buitenkant ziek. Verstoppen ze de zware gevallen ergens anders, zitten die in een andere hal? Of halen alleen vrienden en familie hier koffie en kaasbroodjes?

Aan mij ziet ook niemand dat ik kanker heb. Als ze me het vragen, zou ik kunnen zeggen: 'O, ik ben hier voor een vriendin!' Of: 'Ik kom hier voor controle, ik ben eigenlijk al jaren schoon.' Ze zouden me zo op mijn blauwe ogen geloven. Gek is dat.

Ik drink mijn kop groene thee en check ondertussen mijn horloge. Snel doordrinken, want het is tijd voor de verpleegkundig specialist.

21

Het was een intensieve eerste dag in het nieuwe ziekenhuis. Eenmaal thuis dommel ik vrijwel meteen in slaap. Opeens is het alweer vijf uur. Zoveel informatie om te verwerken. Zoveel gezichten. Zoveel vooruitzichten.

Er was ook nog een pre-operatieve screening bij de anesthesioloog. Ja, hij had mijn dossier doorgestuurd gekregen van het OLVG en het AMC, en nee, we konden dit gesprek en onderzoekje niet overslaan.

'Inmiddels ben je alweer een paar weken verder, we moeten opnieuw weten en meten hoe het met je gaat. Maar ik zal het zo snel mogelijk doen, beloofd? Je krijgt zo ook nog een röntgenfoto en daarna kun je lekker naar huis.'

Ook de radioloog gaf me complimenten over mijn tatoeages. Hij vroeg waar ik ze had laten zetten. 'Vooral het croissantje vind ik tof. Heel mooi gedaan.'

In mijn blote tieten stond ik erbij te glunderen. Hoe lief kunnen mensen in een ziekenhuis zijn?

Nu is het is afwachten tot ik de datum van de operatie krijg. Over de SHAPE-studie hoef ik niet lang na te denken. Ik meld me zeker aan. In de folder lees ik dat je bij de radicale operatie zelfs nog veel meer bijwerkingen kan hebben dan ik dacht. Er kunnen allerlei complicaties optreden tijdens en na de operatie. Zo kunnen blaas, darmen, nieren en bepaalde zenuwen in de onderbuik bij de radicale operatie sneller geraakt worden. En na de operatie is er meer risico op bijwerkingen: problemen bij het plassen, bij de ontlasting en – horror – bij de seksualiteit.

Alles bij elkaar klinkt het als de hel. Straks ben ik negenentwintig en kan ik niet meer normaal naar de wc. Of seks hebben. Ben je van de kanker af, krijg je dat erbij.

Zonder nog verder te googelen mail ik de assistente mijn antwoord over mijn aanmelding voor de studie. Ik hoop heel hard dat ik in categorie twee terechtkom.

Een paar dagen later fiets ik naar kantoor, terwijl ik mezelf probeer op te peppen om er zo vrolijk mogelijk te verschijnen. Er staan een hoop meetings op de agenda. De zomer is voorbij en de mediawereld draait weer op volle toeren. Het is druk op de redactie, ik ben dringend gewenst en dat voelt goed.

Onderweg bel ik mijn vader, een vast ritueel dat we een paar keer per week herhalen. De rit duurt ongeveer een kwartiertje en dat is een perfecte tijdspanne om kort bij te kletsen. Handsfree bellen is echt een van de beste uitvindingen van de laatste decennia. Terwijl ik honderduit praat manoeuvreer ik me door het drukke Amsterdamse verkeer. Mijn vader is inmiddels gewend dat hij om de paar zinnen een fietsbel hoort rinkelen of mij 'KIJK UIT!' tegen een toerist hoort gillen. Die lopen ook altijd midden op de weg.

'Ik word aangemeld voor de SHAPE-studie,' vertel ik enthousiast. 'Zodra ik ingeloot ben hoor ik al welke operatie ik krijg. Dat konden ze wel voor me regelen. Dat ik niet pas te horen krijg hoeveel ze bij me weg halen als ik al op de operatietafel lig.'

Mijn vader maakt een instemmend geluid, maar echt lachen kan hij niet om mijn harde grap.

'Daarnaast gaan ze vandaag met de planner bellen voor me, dan weet ik misschien deze week al wat de datum wordt.'

'Fijn. Dan weten we eindelijk waar we aan toe zijn. Ik wilde nog een vakantie boeken met Ank, maar we wachten totdat je een datum hebt.'

Ik wuif het weg. Hoezo moeten ze hun vakantie om mijn operatie heen plannen? Wat een onzin!

'Boek maar lekker hoor, pap. Ik red me wel.'

Mijn vader lacht. 'Zo ken ik je weer, Moniqueske. Maar we wachten toch maar.'

Het voelt fijn om op kantoor te zijn, maar ergens ook gek. Iedereen is ervan op de hoogte dat ik ziek ben, maar de wittebroodsweken zijn voorbij. Er wordt niet meer constant naar gevraagd. Men weet: Mo van Culy heeft kanker, binnenkort wordt ze geopereerd en dat is dat. Over tot de orde van de dag. Plaatsen we vandaag het recept voor yakitorispiesjes of toch het avocado-ijs op de homepage?

Aan de ene kant wel prettig, want werken met mensen die met een medelijdende blik, of zelfs verdrietig aan je bureau komen staan om te vragen hoe het gaat, wordt ook een beetje vermoeiend. Tranen in je thee drinkt niet zo lekker. Anderzijds is het gek dat collega's me komen vragen hoe de printer werkt of waar het meisje van de marketing uithangt, alsof er niks gebeurd is. 'Geen idee! Maar ik heb wel kanker!'

wil ik dan bijna roepen. Normaal doen is heerlijk en belachelijk tegelijk.

En dan is er nog Bart. Die loopt natuurlijk ook gewoon op dit kantoor rond. Kanker én mijn vriendje op mijn werk. Een flink aantal mensen weten er al van. Niemand schijnt het echt te geloven: we konden elkaar toch wel schieten? Het is de mafste combinatie sinds pindakaas en jam op één boterham. Volgens mij denkt de helft van mijn collega's dat het een foute grap is.

We proberen elkaar maar een beetje te ontwijken. We zijn zo vreselijk verliefd dat ik bang ben dat ik hem dadelijk nog het serverhok in duw. Want sinds dat ik weet dat alles daar beneden nog prima naar behoren functioneert, heb ik de hele dag zin om te vrijen. Als de chirurgen straks mijn libido maar laten zitten.

22

Er is een datum. Er is een datum!

Nou ja, een soort van dan.

'Je staat nu voor de tweede week van oktober op de planning. Ik heb de opnameplanning gevraagd mij te mailen zodra alles definitief is. Dan zal ik dit direct naar je doorsturen,' lees ik in de mail van het ziekenhuis.

Tweede week oktober. Dat is nog een dikke maand. Opeens gaat het rap. Ik besluit me de komende vier weken louter op één ding te gaan richten: genieten! Genieten van het leven, zoveel en zo hard als het kan.

Bart wil me daar wel bij helpen. We gaan uit eten, worden straalbezopen, gaan ouderwets op stap, dansen in discotheken en lullen slap met onbekenden in kroegen. Dat lijkt een eeuwigheid geleden.

Ondertussen werk ik me een slag in de rondte. Ik heb geen idee hoe ik me na de operatie ga voelen en hoelang ik uit de running zal zijn. Alles wat ik nu kan doen voor mijn bedrijf, is mooi meegenomen. Bovendien is het nu te laat voor een arbeidsongeschiktheidsverzekering of om op deze korte termijn een echte vervanger te vinden. *So be it.* Ik ga deze maand gewoon zo veel mogelijk buffelen.

Wat ik zeker weet, is dat ik na de operatie ongeveer een week zal moeten blijven om te herstellen. Dag en nacht dus. Met katheters en slangen en schijnbaar heel heftige pijnmedicatie. Ik heb gevraagd of het misschien mogelijk is om een kamer voor mij alleen te krijgen. Ik voel me een beetje bezwaard dat ik het vraag, maar na de ervaringen met mijn kamergenoten in de vorige twee ziekenhuizen lijkt me dat zo fijn. De assistente heeft beloofd het na te zullen vragen.

Na die week staat er, net als bij de conisatie, 'thuis zes weken herstel' voorgeschreven. Net als na de vorige operatie mag ik deze anderhalve maand niet in bad, niet naar de sauna en is seks ook uit den boze. Goede timing, als je net een nieuwe relatie hebt en straalverliefd bent waardoor je liefst drie keer per dag wil neuken.

Vreemd vind ik die aangegeven periode wel. Deze operatie schijnt honderd keer heftiger dan de vorige te zijn en toch geven ze dezelfde tijdsindicatie wat betreft het herstel. Ik kan me dan ook totaal geen voorstelling maken van hoe ik me zal voelen na deze ingreep. De pijn schijnt mee te vallen, omdat ik met die Da Vinci-robot word geopereerd. In mijn hoofd noem ik het apparaat Leo. En ik ben best wel blij met Leo. In plaats van zo'n gigantische horizontale jaap, van linker naar rechterheupbot, krijg ik vijf kleine littekens, verspreid over mijn buik. In mijn verbeelding gaat dat er prachtig mooi uitzien.

Roos, een vriendin uit Brabant, komt langs. Ze heeft een tijdje geleden een baby gekregen en wil de kleine spruit graag kennis laten maken met Amsterdam. En met mij natuurlijk.

Ik ben dol op kinderen, baby's al helemaal. De baby van Roos heet Jack en hij is puntgaaf, met een zacht huidje en die onmiskenbare Zwitsalgeur. Of ruiken alle baby's gewoon zo van zichzelf? Het gestreepte kledingsetje van Petit Bateau dat ik cadeau geef valt in de smaak. Als ze eventjes gaat kolven in mijn badkamer, nestel ik me met de kleine Jack op de bank. Terwijl ik hem zachtjes in slaap wieg en over zijn haartjes aai, biggelt er zowaar een traan over mijn wang.

Die is onverwachts. Huil ik omdat dit zo'n lief kindje is? Om dit pure geluk zomaar in mijn kleine appartementje? Voor Roos, omdat ik zo blij voor haar ben? Of huil ik omdat ik dit zelf nooit zal hebben?

Als Roos terug de kamer in komt, ziet ze mijn tranen. We praten erover. We praten over dat ik zelf nooit een kinderwens heb gehad. En of dat eigenlijk raar of erg is.

'Je zou verwachten dat ik het nu opeens sterk zou krijgen,' zeg ik, 'dat gevoel. Nu het over niet al te lange tijd ook echt niet meer kan, zeg maar.'

Ze knikt begripvol. 'Dat had gekund. Maar blijkbaar is je niet-bestaande kinderwens gewoon zo sterk dat zelfs dit het niet aan het wankelen brengt. Ergens ook wel fijn, toch?'

Dat klopt.

'Wil Bart eigenlijk kinderen?'

Ik bijt op mijn lip. Dat weet ik eigenlijk helemaal niet. Hij is dol op zijn neefje en nichtje, de kinderen van zijn zus. Maar hij is ook gehecht aan zijn vrijheid.

'Misschien moet je het een keer met hem bespreken. Het is nogal vroeg in de relatie, maar de omstandigheden zijn natuurlijk ook een beetje anders nu.'

Daar heeft ze volkomen gelijk in. Roos begrijpt me als

geen ander, we kennen elkaar al vanaf de middelbare school. Al zien we elkaar stukken minder dan vroeger, de band en het wederzijdse respect zijn altijd gebleven.

'Mocht ik toch ooit een kind willen, dan zou ik mijn eigen eitjes kunnen gebruiken, laten bevruchten in een laboratorium en het embryo terugplaatsen bij een draagmoeder. Maar dat klinkt echt extreem, om eerlijk te zijn. Zeker als ik toch misschien niet zo heel graag kinderen wil.'

Gek om dit zo hardop te zeggen, terwijl ik een baby van nog geen half jaar in mijn armen heb.

'Daar hoef je toch ook nu nog helemaal niet over na te denken, Mo. Word jij nou maar eerst gewoon beter. Je mag altijd mijn baby even lenen om op te passen, sowieso word je gewoon de beste tante ooit.'

Dat is lief.

Ik moet aan Iris denken, de vriendin waarmee ik de vriendschap onlangs aan de telefoon verbrak. Inmiddels heb ik meer begrip voor haar reactie, al doet het nog steeds pijn. Als ik de afgelopen maanden één ding heb geleerd, is het dat iedereen op zijn of haar eigen manier reageert op het slechte nieuws van mijn ziekte. De ene vriendschap wordt ogenblikkelijk hechter, de ander verwatert opeens. Waar de ene persoon je enorm tot steun kan zijn met een klein gebaar, wil een ander opeens urenlange gesprekken met je voeren, waardoor je je geen snars beter voelt, eerder vermoeider. Hoelang een vriendschap al bestaat, blijkt daar vreemd genoeg vaak weinig invloed op te hebben.

Het is een rare tijd, ziek zijn en ondertussen relaties met mensen aangaan en onderhouden. Zowel voor hen als voor mij kan dat soms een pittige opgave zijn.

's Avonds ga ik met Bart naar een terras bij mij in de buurt. Het is september maar zelfs 's avonds nog behoorlijk warm, hoewel je kan merken dat de zon al wat eerder ondergaat. We drinken witte wijn en maken vinnige grapjes over de laatste bitterbal. Ik heb alle kipnuggets uit het borrelgarnituur reeds verorberd, dus ik gun hem de laatste bal. Hij bijt hem doormidden, geeft me de dampende overgebleven helft en lacht.

'Voor jou.'

Wat een vent.

Terwijl ik het stukje bitterbal in de mosterd probeer te dopen zonder mijn vingers te verbranden aan de hete ragout, besluit ik het erop te wagen. We zijn met alles honderd keer sneller dan 'normale' stellen. We hebben al gesprekken gehad over baarmoeders en hechtingen en niet kunnen plassen. Dit kan er ook nog wel bij.

'Bart, heb je ooit overwogen om kinderen te nemen?'

Zodra de zin mijn mond verlaat, denk ik: kut, toch het verkeerde moment. En: je 'neemt' geen kinderen, je 'krijgt' ze.

Met volle mond probeert hij te antwoorden.

'Ja, wel overwogen. Maar ik denk niet dat het wat voor mij is.'

Gelukkig. Hij is niet geschrokken of in totale paniek weggerend door deze vraag.

Hij neemt rustig een slok wijn. 'Kijk, ik ben dol op de kids van mijn zus. Zeker nu ze ouder worden en je van alles met ze kunt ondernemen. Als we op vakantie gaan, lig ik de hele dag met ze in het zwembad. Thuis ravot ik met ze in de tuin en met de feestdagen vind ik het superleuk om met ze aan tafel te kletsen. Maar ik voel niet de drang om ze zelf ook te krijgen.'

‘Waar zit hem dat dan in?’

‘Dat ik weg kan wanneer ik dat wil. Dat je ze niet 24/7 om je heen hebt, hoe leuk ze ook zijn. Thuis vind ik mijn rust fijn, zeker met de drukke baan die ik heb. Als ik dan thuis op de bank plof, heb ik niet zo'n zin om ook nog aan de slag te gaan met luiers of speelgoed.’

Zijn antwoord stemt me tevreden. Hij heeft hier al langer over nagedacht dan vandaag. Als hij de drang wel had gehad, waren we er ook wel uit gekomen. Of niet. Eigenlijk denken we exact hetzelfde over deze zaak. Dat probleem hoeven we in ieder geval niet meer te tackelen. Er komen vast nog andere issues, maar wat het kindervraagstuk betreft zitten we tenminste op één lijn.

‘Goed antwoord?’

Vragende ogen.

‘Goed antwoord. En nu wil ik nog een portie bitterballen.’

Ik steek een sigaret op en wenk de ober.

23

Ik blijf het raar vinden, hoe helend het kan werken om over je ziekte te praten. Momenteel lijkt het wel een fulltime baan, ik word zo langzamerhand bijna moe van mezelf. Correctie: ik ben bang dat ánderen doodmoe van me worden.

Maar toch. Elke keer als ik erover praat, over de doktersafspraken en de ziekenhuisanekdotes die bijna aandoen als een klucht, voel ik me een tikje lichter.

Gelukkig blijven er veel mensen bereid om naar me te luisteren. Ze vragen me er zelfs naar. Dat is mooi, want dan beginnen zij. En het zou toch onbeschoft zijn om dan geen antwoord te geven?! Maar er zijn ook momenten dat ik halverwege mijn verhaal stok. Dan voel ik me onzeker. Omdat ik een blik in hun ogen lees die lijkt te zeggen: 'Ho ho, nu hebben we wel genoeg kankerverhalen gehad voor vandaag.' Dat zeggen ze natuurlijk niet hardop, maar ik zie het ze denken.

Een open boek ben ik altijd al geweest. Zo'n type dat bij de slager kan vertellen over haar wortelkanaalbehandeling, of bij de kapper rustig uit de doeken doet hoe haar ex is vreemdgegaan. Gêne ken ik niet gauw. Een beetje shockeren vind ik zelfs wel lekker. Zoals op die borrel, vlak voordat ik de erge bloedingen kreeg. Hoe meer mensen mijn bizarre verhaal horen, hoe beter. Sommige mensen kunnen dat ook wel waarderen. Die gekke Monique vertelt alles zo open en eerlijk! Zo verfrissend!

Er zijn ook mensen die het niet zo tof vinden. Of wel tof, maar pijnlijk. Ongemakkelijk vooral. Maar ik kan het niet laten. Mijn openheid begint intussen absurde vormen aan te nemen. Iedereen moet horen wat ik doormaak, tot aan de kleinste medische details. Vrienden en familie, maar ook mensen die ik minder vaak spreek. Ik merk dat ik bij mezelf naga 'wie het nog niet weet' en dat ik hen bijna speciaal op wil zoeken. 'Heb je zin in koffie? Beetje bijpraten over werk en het leven?' Ondertussen probeer ik dan wel een manier te vinden om de kanker erin te fietsen. Het is ziekelijk.

Is het erg dat ik dit doe? Zeggen ze niet altijd 'praten helpt'? Of zou het een tandje minder kunnen of moeten? Ondanks mijn openheid overdag, lig ik daar 's nachts over te piekeren.

Elke ochtend sta ik op met het voornemen om er die dag niemand mee lastig te vallen. Als ik vrienden of collega's spreek, houd ik het luchtig. Koetjes en kalfjes. Mochten ze er toch naar informeren, dan zal ik roepen: 'Naar omstandigheden gaat alles prima!' en dan snel overgaan op een ander onderwerp.

De eerste uren van de dag gaat me dat nog goed af. Ik praat over het weer, mijn goed gelukte taart van afgelopen weekend, over het feit dat ik al jaren een teckel wil. Heb jij ooit een hond gehad? Hoe gaat het eigenlijk met je? Laten we het over jóú hebben!

Maar elke avond als ik de dekens over mijn naakte lichaam trek, over de buik die straks verminkt zal worden door een arts omdat er een tumor in zit, besef ik dat het wederom niet is gelukt. Dat ik het er toch weer heel veel over heb gehad, ook met mensen die er misschien niet op zaten te wachten. En dat geeft me dan een rotgevoel.

September is al ruim voor de helft voorbij: weken die ik niet meer terugkrijg. Mijn operatiedatum nadert. Het ziekenhuis heeft inmiddels een definitieve datum doorgegeven: 10 oktober. Geen 21, dat is jammer. Maar 10/10 is ook een mooie voor een cijferfetisjist als ik. Plus: het is exact 21 dagen voor mijn verjaardag en dat stemt me op een vreemde manier toch een beetje gerust.

Maar zover is het gelukkig nog lang niet. Vandaag staat er iets bijzonders op de planning, een lunch in een van mijn lievelingsrestaurants: Taiko. Zij organiseren twee keer per jaar een bijeenkomst voor culinaire journalisten. We proeven het nieuwe menu, horen de plannen van de chef en kletsen met elkaar over het vak. Het is iedere keer weer een feestje en ik heb in al die jaren nog nooit een bijeenkomst gemist. Mijn agenda is vol, maar voor Taiko maak ik altijd een gaatje vrij.

Niet alleen het eten is uitmuntend, ik kom ook voor de fijne gesprekken met collega-schrijvers. Hier weet niemand van mijn gedoe, of ik weet niet dat zij het weten. Alleen de pr-dame van het restaurant, die ik al langer ken, informeert er voordat de lunch begint discreet naar. En daar ben ik blij om, want vandaag heb ik maar één doel, naast me tegoed doen aan sushi en sake: het onderwerp grondig vermijden.

Het lukt me. De hele lunch lang praat ik over van alles, maar niet over kanker. Ik voel me weer mezelf. Zoals vorig jaar, toen dit allemaal nog niet aan de hand was. Toen ik nog een heel event lang kon lullen over eten, of over wie er nu weer hoofdredacteur van dat blad of die website was geworden. Welke chef was verhuisd naar een andere zaak en wie die ene ster echt nooit had mogen krijgen. Of Seoul of toch Tel Aviv dé food-bestemming van het moment is.

Vandaag ging het over allerlei dingen, maar niet over katheters en carcinomen of nog onsmakelijkere zaken. Het voelde goed en ik ben trots op mezelf. Al is het alleen maar omdat ik me eindelijk eens aan mijn eigen afspraak heb gehouden.

’s Avonds bel ik met mijn zus Marcella. Haar autisme is allesbehalve makkelijk, maar elk aspect van deze ‘aandoening’ brengt vaak ook weer een voordeel met zich mee. Hoe raar dat ook mag klinken. Zo is ze monsterlijk eerlijk en altijd rechtdoorzee. En dat betekent dat ze nooit tegen me zal liegen. Ze kán het niet eens. Ze neemt zaken extreem letterlijk, dus soms moet je oppassen met wat je zegt. Sarcasme of flauwe woordgrappen komen vaak niet over. Tegelijkertijd onthoudt ze exact wat je gezegd hebt. Ik noem haar weleens gekscherend mijn tweede geheugen. Ze weet vaak exact nog wat ik wanneer zei, dat komt af en toe verrassend goed van pas.

Marcella is de beste in dingen analyseren. Ze is superslim, ziet elk detail en legt vervolgens al die kleine puzzelstukjes bij elkaar om een compleet plaatje te maken. Als ik haar vertel hoe een afspraak bij de dokter ging, mijzelf kennende inclusief duizend details, van de hak op de tak en met talloze zijstapjes, dan vat zij het daarna samen. ‘Dus als ik het goed begrijp…’ begint ze dan, en legt stukje voor stukje de puzzel neer. Voor zichzelf, zodat ze het hele plaatje ziet. Maar voor mij is dat stiekem ook heel prettig.

Tijdens ons telefoongesprek vertel ik haar over de operatiedatum van 10 oktober.

'Hoe laat?' vraagt ze. En dan: 'Wacht even, ik zet het meteen in mijn agenda.'

Dat hoeft helemaal niet met haar geheugen, maar ze doet het toch. Sommige mensen menen dat mensen met asperger niet geïnteresseerd kunnen zijn. Of niet geïnteresseerd overkomen. Mijn zus heeft daar allesbehalve last van: ze wil oprecht altijd alles weten.

Nog een bijkomend pluspunt: ze stelt vragen waar ik zelf nog niet over na had gedacht. Omdat haar brein nu eenmaal anders werkt. Tuurlijk, autisten hebben het niet makkelijk en de mensen om hen heen hebben vaak ook wat te verduren. Maar er is ook zoveel moois aan deze 'beperking', die ik bewust tussen aanhalingstekens zet. Ze heeft zo'n bijzondere kijk op dingen en is zo hyperslim, dat ik nog elke keer van haar leer. Mochten we elkaar vroeger soms irritant en stom hebben gevonden, nu we ouder zijn zien we dat onze verschillen juist ook onze kracht zijn. Dat we elkaar dingen kunnen laten inzien, wat niet had gekund als we niet zo verschillend waren geweest.

Ik leg Marcella uit hoe Leo de robot werkt die me gaat opereren. Op internet heb ik een video ontdekt waarin hij een druif opereert – ter illustratie, natuurlijk, de druif heeft niet daadwerkelijk kanker (ik zeg het er maar even bij). De mechanische armpjes van Leo blijken zo nauwkeurig te kunnen werken dat er telkens een minuscuul reepje van die druif uitgesneden kan worden, een tiende van een millimeter, misschien nog wel minder.

Mijn zus vraagt hoe Leo dan mijn buik in gaat. Ik leg uit dat er vijf sneetjes in mijn buik worden gemaakt, al weet ik ook niet precies waar. Dat de robot daar met z'n armen in gaat. Of zo. Ik heb er wel wat over gegoogeld, maar ik wil ook niet té veel van tevoren zien.

'Wordt de baarmoeder dan via die sneetjes eruit gehaald? Of door één van de vijf? Past dat eigenlijk?'

Daar heeft ze een goed punt. Ik heb werkelijk geen idee. Ik klem de telefoon tussen oor en schouder en schrijf het op een post-it. Die vraag moet ik onthouden voor mijn arts.

'Als je eierstokken en eileiders blijven zitten, zweven die dan ergens in je buik?'

'Blijft er een soort gat op de plek waar de baarmoeder eerst zat? Of vult zich dat op met andere organen?'

'Is het na de operatie echt allemaal weg, denken ze? En hoe vaak moet je daarna nog op controle?'

Het zijn vragen waar ik niet direct antwoord op heb en mijn post-it is inmiddels wel vol. Morgen de assistent mailen.

Ik bespreek ook een andere lastigere kwestie met Marcella: mijn moeder. Mijn zus heeft namelijk nog wel contact met haar. De afgelopen tijd heb ik veel aan mijn moeder moeten denken. En dan vooral: wat moet ik haar wel, of niet vertellen?

Marcella vindt het ook moeilijk, maar begrijpt tegelijkertijd mijn struggles.

Aan de ene kant vind ik dat mijn moeder het verdient om te weten wat er met me aan de hand is. 'Ze is tenslotte je moeder' is me regelmatig gezegd en hoewel ik dat over het algemeen onzin vind – ook moeders kunnen heel naar doen – gaat de vlieger in dit geval misschien wel op. Zij weet niet dat ik ziek ben. Ik ga ervan uit dat ik beter word en dat het met de operatie straks allemaal achter de rug zal zijn. Maar zeker weten doe ik het natuurlijk niet. Dat is al lastig genoeg voor mezelf, maar in dit geval ook voor haar. Wat als ik haar niets vertel en het dan niet overleef? Wanneer sein ik haar in?

Aan de andere kant, als ik heel eerlijk ben, kan ik de zorgen over en van mijn moeder er nu helemaal niet bij hebben. Ik heb er bewust voor gekozen om geen contact met haar te hebben. Ze kent mijn argumenten. Ook niet als ik ziek ben, juíst niet nu ik ziek ben. Er is al zoveel om over te piekeren, zoveel waar ik wakker van lig. Ik weet dat ze, als ze over mijn situatie zou weten, direct in de auto zou stappen en naar mijn huis zou rijden. Of rechtstreeks naar het ziekenhuis als ik daar straks een week lig. Mijn moeder is geen monster. Ze zou komen omdat ze me wil helpen en troosten, dat weet ik zeker. Maar voor mij zou haar troost toch meer als een last voelen. Hoe graag ik ook zou willen dat het anders was.

Ook dit probleem kan ik het beste even parkeren. Na de operatie zal ik haar bellen, of een brief schrijven, of mailen. Ofwel om het nieuws te brengen dat ik kanker had, maar nu niet meer, ofwel om te vertellen dat haar dochter nog wel eventjes ziek blijft. Ja, dat is wat ik ga doen. Het is voorlopig het beste voor iedereen. En als er een tijd is dat ik aan mezelf mag en moet denken, is het nu wel.

Toch?

24

'Kunnen we even bellen?' app ik mijn vader.

Mijn telefoon gaat direct over, ik weet dat mijn vader net zo erg als ik heeft zitten wachten op dit moment.

'En?'

'Slecht nieuws. Ik zit in de studie, maar ik ben ingeloot voor de "zware" operatie waarbij ze ook het steunweefsel en de lymfeklieren weghalen. Ook al wordt er dus aangenomen dat dat veel te heftig en waarschijnlijk onnodig is.'

Hij is stil. Ik ook. Het is een bittere pil en na al die tegenslagen kon ik wel een keer een lichtpuntje gebruiken. Dat kreeg ik niet vandaag.

'Hoe voel je je erover?'

'Kut. Zwaar kut. Ik wist natuurlijk dat dit kon gebeuren, de kans was fifty-fifty. Ik moet het maar accepteren. Als die studie nooit had bestaan, had ik sowieso hetzelfde gekregen als nu.'

'Knap dat je zo positief blijft.'

'Ha,' schamper ik, 'je had me net eens moeten zien toen ik het belletje kreeg. Ik heb nog net niet de muur ingetrapt.'

'Je bent mijn sterke jerke,' zegt mijn vader. 'Onthoud dat goed.'

Het is een grapje tussen ons twee, van vroeger. Een grapje dat ik nu wel kan gebruiken. Want zo is het. Ik ben geen slappe hap, maar een sterke jerke. Die operatie ga ik gewoon radicaal rocken.

Ik ga lunchen met Milly. We zien elkaar weinig, maar als ik haar spreek is het altijd ontzettend fijn. Met twee koppen muntthee voor ons in de kleine lunchroom op de Utrechtsestraat, waar de jazz zachtjes uit de speakers komt, praten we elkaar bij. Grote onderwerpen worden in rap tempo besproken; we kennen elkaar zo goed dat we weinig woorden nodig hebben. We hebben elkaar leren kennen door mijn ex en hij komt algauw ter sprake, al heeft ook zij nooit meer contact met hem.

'Het voelt best gek dat hij geen idee heeft van mijn situatie,' vertel ik haar eerlijk. 'Ik mis hem steeds minder, maar ik denk nog wel vaak aan hem. Vooral omdat het zo rottig is geëindigd. We hadden wat mij betreft gewoon vrienden kunnen blijven. We zijn jarenlang zo close geweest, we wisten alles van elkaar, zelfs nadat het uit was. Het is absurd dat hij geen idee heeft dat ik ziek ben.'

Ik zie mijn vriendin peinzen, ze hengelt de takjes munt uit haar thee en legt ze zorgvuldig op het schoteltje ernaast. De serveerster komt langs om onze bestelling op te nemen. Ik doe mijn best om te bedenken wat ik ook alweer wilde. Ik zie aan mijn vriendin dat er wat is dat ze me moet vertellen.

'Om eerlijk te zijn,' steekt ze van wal nadat we de broodjes hebben besteld, 'heb ik hem een bericht gestuurd.'

Ik schrik. Dat wist ik helemaal niet.

'Ik vond het gewoon zó raar dat hij van niets wist en je dus ook niets kon sturen of kon steunen. Je hebt het natuurlijk niet op sociale media gedeeld en dat begrijp ik volkomen. Maar ik vond dat hij het moest weten. En ik wist dat jij het hem niet zou durven sturen, dus ik wilde je helpen.'

Ik weet dat het goed bedoeld is, al had ze het me best van tevoren mogen laten weten. Maar ze deed het uit liefde en dat begrijp ik ook wel.

'Hoelang geleden was dit?'

Ze aarzelt. Net iets te lang naar mijn zin.

'Drie weken. Hij heeft nooit iets teruggestuurd.'

Pardoes laat ik het theelepeltje vallen. Het komt klingelend op het metalen tafelblad terecht. Nu ben ik pas echt van mijn stuk gebracht. Hij heeft niets laten horen?!

'Misschien heeft hij een nieuw nummer?' probeer ik voorzichtig.

Ze schudt haar hoofd. 'Nee, ik kreeg meteen twee blauwe vinkjes. Hij kwam online en heeft het dus gelezen. Ik stuurde naar hem dat ik weet dat jullie geen contact meer hebben, maar dat je ziek bent en dat ik zeker wist dat je het zou waarderen als hij een berichtje zou sturen. Ik heb het heel lief en aardig gebracht, ik heb hem zelfs nog gefeliciteerd met zijn verloving.'

'En geen reactie?'

'Geen reactie. Wel twee blauwe vinkjes. Het spijt me Mo, ik vind het vreselijk voor je.'

's Avonds, als ik alleen in mijn bed lig en het gesprek overdenk, kan ik niet anders dan keihard huilen. Ik hoef mijn ex niet terug. Ik ben gelukkig met Bart en ik mis hem niet op die manier. We hebben jarenlang zoveel gedeeld, het was al absurd dat ik hem niet kon laten weten wat er aan de hand was. Maar dat hij van de situatie af weet en alsnog niets heeft gestuurd, doet echt pijn.

Als hij me echt had willen ontlopen, had hij mijn vriendin toch een bericht terug kunnen sturen? Iets in de trant van: 'Dankjewel dat je me dit hebt laten weten, wat een vreselijk nieuws. Wil je haar namens mij sterkte wensen?' Zoiets. Dat was toch netjes geweest?

Zou zijn nieuwe vriendin hem dat verboden hebben of was het zijn eigen keus? Of zou hij simpelweg niet weten hoe ermee om te moeten gaan? Als er iemand begripvol en emotioneel vaardig was, was hij het wel. Daarom is dit extra zuur.

De tranen doorweken mijn kussensloop. De mascara loopt in grillige zwarte banen over mijn wangen en maakt vlekken op het kussen en mijn dekbedovertrek. Ik was net te moe om mijn make-up eraf te halen en nu moet ik ook nog mijn bed verschonen.

Het liefste wil ik hem bellen, maar dat zou nergens op slaan. Ik moet het afsluiten. Hem vergeten, accepteren dat we nooit meer vrienden zullen zijn of op een andere manier in elkaars leven kunnen passen. Blijkbaar zijn we op een punt aangekomen dat we elkaar niet eens meer kunnen appen als een van de twee kanker heeft.

Dat doet zeer. Het doet meer pijn dan alle operaties bij elkaar.

De huilbui om mijn ex heeft op een vreemde manier ook voor opluchting gezorgd. De volgende ochtend sta ik op, trek de lakens van mijn bed, zet de ramen open en maak een to-do-lijst. Ik bel Bart op zijn werk. Ik wil het leven vieren en niet blijven kniezen om iets wat ik toch niet kan veranderen. Bart en ik trekken de agenda's voor leuke activiteiten. We plannen twee tripjes in de laatste weekenden van september. In het eerste weekend weg gaan we naar Rotterdam.

Eten, drinken en slapen in een hotelkamer aan de Maas. Hoog boven de stad, met uitzicht op de Erasmusbrug.

We genieten volop. Cocktails in de rooftop-bar, sigaretjes bij maanlicht en daarna urenlang vrijen onder knisperend witte hotellakens. Een loom en uitgebreid ontbijt, net zolang tot het restaurant leeg is en de obers met schuiers de kruimels van het tafellinnen vegen, ten teken dat ook wij moeten vertrekken. We willen niet weg. Zelfs de late check-out is nog niet laat genoeg voor ons.

Het weekend moet eeuwig duren, want daarna wacht het echte leven weer. Kantoor, stress, bellen met het ziekenhuis. Voorbereidingen voor iets dat moet, maar waarvan niemand wil dat het komen gaat.

Het volgende weekend zetten we koers richting mijn lievelingsstad in ons land, op Amsterdam na dan: Maastricht. Ik kom er regelmatig en ken er goed de weg. Bart is er nog nooit echt geweest, dus ik speel voor *tour guide* door hem mee te nemen naar de mooiste winkels en de beste restaurants.

Als Bart onderweg naar het hotel een etalage passeert, wil hij meteen naar binnen. Hij heeft een fantastisch overhemd gespot en verdwijnt met twee maten in een pashokje. Ik plof neer op de heerlijk zachte bank, met een cappuccino die me door de attente verkoper wordt gebracht.

Even staat alles stil. Dat ik al die tijd een tumor in me meedraag en daarmee lachend Maastricht kan doorkruisen, vind ik opeens zo'n bizarre gedachte. Net zo raar als het idee dat ik over een paar weken tumorloos zal zijn en geen baarmoeder meer zal hebben, maar ook (tijdelijk) invalide zal zijn. En ik bruis nu juist van de energie! Ik kan genieten van eten, drinken, lachen, werken, vrijen, verliefd zijn. Hoe kan ik nou zoiets gevaarlijks in me meedragen terwijl ik zo leef, met volle teugen?

’s Avonds dineren we in mijn favoriete restaurant in Wyck. We bestellen steak tartare met frietjes en zure Belgische citroenmayonaise. Een half dozijn Gillardeau-oesters, allemaal voor mij, want Bart is allergisch. Entrecote met bearnaisesaus, likkepot van kalfswang, spinazie met uitgebakken spekjes. En als toetje pure chocolademousse met kersen. We klinken champagne vooraf en drinken bij het eten een fantastische riesling.

‘Ik heb helemaal geen zin in de operatie!’ roep ik tussen de gangen door. Hij moet lachen.

‘Natuurlijk heb je daar geen zin in, muts!’

Nu lach ik ook.

‘Ik vind het gewoon zo stóm allemaal. Nooit eerder dacht ik: waarom ik? Want: waarom ik niet? Maar nu het zo dichtbij komt, vraag ik het me toch af. Waarom krijg ik kanker? Waarom moet ik meteen zo’n grote operatie? Dadelijk krijg ik ook nog bestraling en heb ik voor de rest van mijn leven een kapotte kut. Of chemo en dan een kale kop. Ik heb net m’n haar uit laten groeien, het is nu juist zo heerlijk lang!’

De witte wijn speelt duidelijk een rol in mijn belachelijke klaagzang. Gelukkig kan Bart er wel mee omgaan.

‘Het komt wel goed, lief. Over een paar maanden ben je weer helemaal de oude. Na 10 oktober ben jij gewoon helemaal klaar, let maar op.’

Zijn antwoord voelt dubbel. Aan de ene kant wil ik dat hij me zo lief geruststelt. Aan de andere kant wil ik realistisch kunnen praten over alles wat mogelijk komen gaat. Het is tenslotte nu eenmaal wel een wezenlijke optie, die bestraling. Het is aardig dat hij dat weg sust, maar het irriteert me ook. Is hij wel bereid om al deze risico's, deze nachtmerriescenario's met mij aan te gaan?

Mijn angst is niet irreëel en ik wil het niet wegwuiven. Ik wil het kunnen bespreken. Maar misschien moet ik ook gewoon vrede hebben met zijn manier van reageren. Hij heeft het beste met me voor. Ik begrijp het heus wel. Niemand krijgt in zijn leven eerst een handleiding: 'Hoe-om-te-gaan-met-iemand-die-kanker-heeft.'

Bovendien zijn we pas een paar maanden samen. Een periode die voelt als een jaar. Zo intens is het geweest, zoveel hebben we al meegemaakt, gezien, gedeeld. Het voelt vertrouwd en fijn. En toch lukt het me niet dat unheimische gevoel van me af te schudden dat alles straks zomaar afgelopen zou kunnen zijn. De kanker kan niet alleen mij, maar ook ons straks kapotmaken. Zelfs als de tumor al weg is.

Tegen de tijd dat het dessert arriveert ben ik echt tipsy en al mijn angstige gedachten en twijfels weer vergeten. Lachend en zoenend rollen we het restaurant uit, ik heb zelfs alle verrukkelijke friandises bij de koffie verorberd. Zoveel eet ik normaal gesproken nooit. Ik klap uit elkaar, maar alles was zó smakelijk.

Naast het restaurant zit een McDonald's. In onze sjieke kleren besluiten we nog een cola en een Sprite te halen voor op de hotelkamer. Schaterend waggel ik op mijn hakken van de hamburgercounter terug naar de kamer, twee straten verderop. Op bed drinken we de frisdrank en kijken we slechte televisie.

De volgende dag ontwaken we met een ochtendwandeling over de Sint-Servaasbrug. Vorige week zondag zagen we de Rotterdamse Maas, dit keer de Limburgse. Deze weekenden pakken ze ons niet meer af.

25

Het is de laatste week voor mijn operatie. Ik probeer zo veel mogelijk werk te verzetten, maar de vele vragen over de ingreep en het vervolgtraject houden me eerlijk gezegd meer bezig. Mijn notities, in de vorm van papieren post-it's en mijn digitale notitieblok, stapelen zich op. Elk wissewasje dat in me opkomt of dat iemand bij me naar boven brengt, staat op papier. Daarna bundel ik ze, kijk ik bij welke vragen Google me kan helpen en welke mijn arts beter kan beantwoorden.

Het cliché dat je niet op internet moet zoeken naar medische zaken, is uiteraard volkomen terecht. 'Eventjes browsen en voordat je het weet zegt Google dat je kanker hebt!'

Nou heb ik al kanker, dus dat scheelt. Toch blijkt het zelfs in mijn geval een bijzonder slecht idee om op onofficiële dokterssites en webfora rond te snuffelen. Ranzige foto's en horrorverhalen vliegen me om de oren. Het enige forum dat zowel leerzaam als niet-angstaanjagend is, is hystersisters.com, een website voor vrouwen wier baarmoeder is verwijderd. Dus niet alleen maar vrouwen met kanker – maar wel veel. Hoewel ik ook op deze site veel tegenstrijdige verhalen en soms lugubere anekdotes lees.

Niet te veel googelen dus. Aan de andere kant wil ik ook antwoorden op mijn vragen en aangezien sommige tamelijk banaal zijn, durf ik niet alles in het AVL na te vragen.

'Geen vraag is te gek!' verzekerden ze me. Maar ik vind het toch een beetje maf om dokter L voor te leggen of mijn vagina straks strakker zal zijn dan voorheen en of je dat zult merken tijdens de seks. Of je nog net zo geil kan worden als voorheen? En net zo nat? Of vallen deze kwesties ook in de categorie 'niet te gek'?

Uiteindelijk krijg ik de meeste vragen beantwoord, zowel via officiële medische websites als in de mailwisseling met de assistent. Ideaal dat ik niet voor elke vraag hoef te bellen of langs moet komen in het ziekenhuis. Ziek zijn anno 2017 is beslist efficiënter dan vroeger.

Wordt de baarmoeder er via de buik uit gehaald? (Nee, via de vagina, die wordt opengemaakt en dan weer dicht gehecht.) Wordt ze dan korter? (Niet echt, misschien een heel klein beetje.) Blijft er een soort gat op de plek waar de baarmoeder eerst zat? (Nope, de darmen vullen dit 'gat' op.) Moet ik later nog uitstrijkjes laten maken? (Nee! Joepie!) Kom ik in de overgang? (Gelukkig niet zeg, want m'n eierstokken en eileiders blijven zitten.) Word ik dan nog wel elke maand ongesteld? (Nee, althans: er is geen bloedverlies meer. Soms kun je nog wel wat lichamelijk of hormonaal voelen, maar dat is vaak wel minder.) Waar blijven die eitjes elke maand dan? (Die lossen op in de buik.) Enne, als ik seks heb... waar blijft het zaad dan? (Het zaad komt gewoon weer naar buiten, net als voor de operatie.) O.

Nog zo'n 'stomme' vraag: moet ik ooit nog voorbehoedsmiddelen gebruiken? Nee toch? (Nope, never, als ik ooit nog in verwachting raak, kan ik de krant en het *Guinness Book of Records* bellen).

Kan de wond openspringen als ik te snel te veel ga doen? Of als ik spring of heel hard genomen word? (De wond binnen in je vagina wordt gesloten met stevige hechtingen die in ongeveer drie maanden zullen oplossen. Tegen die tijd zijn de weefsels weer volledig vastgegroeid. Door onverwachte bewegingen of door veel inspanning kan de wond dan niet ineens openbarsten. Wel kan door vroegtijdige grote belasting een littekenbreuk ontstaan.)

Duidelijk. Rustig aan doen dus.

En de belangrijkste vraag van allemaal: is de kanker na de operatie echt helemaal weg? En hoe vaak moet ik daarna nog op controle komen?

Het antwoord van de assistent is geruststellend en de belangrijkste van allemaal. 'De verwachting is dat de tumor helemaal weggenomen wordt.'

Na 10 oktober zal ik hoogstwaarschijnlijk kankervrij zijn. De kans dat ik nog bestraald moet worden is aanwezig, maar klein. Wel blijf ik nog zeker drie jaar op controle. Elke drie maanden, bij mijn eigen arts. En ik mag voor elke vraag blijven mailen of bellen, al die jaren lang.

Ik denk terug aan de hel van het AMC en ook al heb ik kanker – en geloof ik niet in God – ik dank hem op mijn blote knietjes dat ik doorverwezen ben naar het Antoni van Leeuwenhoek.

26

Maandag 9 oktober, 14.00 uur. Tijd om in te checken in Hotel Antoni. Ook al is morgen pas de grote dag, ik moet vandaag al aanwezig zijn voor de laatste onderzoeken en voorgesprekken.

Afgelopen vrijdag bedacht ik opeens: mag ik iemand meenemen die ook maandagavond bij me blijft? Of lig ik daar straks alleen op de kamer? Als ik tenminste een kamer voor mezelf alleen heb. De controlfreak in mij moest het weten, anders kon ik niet rustig het weekend in gaan. Mijn laatste weekend met een baarmoeder.

De assistente mailde me gelukkig direct terug. Bart mag mee.

Mijn gebeden zijn verhoord. Ik heb een eigen kamer. Een suite, op de zesde verdieping, in de C-vleugel. Kamer nummer 6. Helemaal achter in de gang en helemaal alleen voor mij. Mijn naam staat aan de buitenkant op het bordje.

Binnen tref ik een groot ziekenhuisbed aan met best een comfortabel matras, een wand vol apparatuur erachter en ernaast. Een eigen toilet, halleluja, en een inloopdouche met beugels om me straks aan vast te klampen. Het bekende hoekje voor de verpleging, met een gootsteen en kastjes vol medische spulletjes. En tot slot voor mijn bezoek een klein tafeltje met twee stoelen. Er ligt een menu op van de catering. Zo te zien kan ik elke dag mijn eigen ontbijt, lunch en diner kiezen. Luxe!

Gisterenavond hebben Bart en ik op de vrijheid en (on)-gezondheid geproost in Café Restaurant Amsterdam, een van mijn favoriete horecagelegenheden in de stad. Ik at garnalenkroketjes met Franse friet, hij ribeye met pepersaus. We deelden een wodka-citroensorbet toe. Een mooie avond met een zwart randje.

Zoals alles zo snel gaat in onze relatie, hebben we tussen de fantastische momenten door ook al wat ruzies gehad. Af en toe botsen we nog, net als vroeger. Het zal ook wel bij deze periode horen. Die van ziekte, niet die van de prille relatie. Bart is altijd optimistisch, bijna irritant-positief, goed van vertrouwen en vrolijk. Ik kan veel langer doorzagen over dingen, soms te veel mopperen, soms te veel doemdenken.

Een stugge West-Fries gematcht met een sentimentele Brabantse. Geen wonder dat het af en toe vuurwerk is. We zijn in zoveel opzichten zo verschillend. Dat schuurt. We laten het schuren. Gelukkig kunnen we geen kinderen krijgen; we zouden qua opvoeden vast ook totaal verschillend zijn.

Bart en ik installeren ons in de kamer. Dit is wel andere koek dan Hotel Beaumont in Maastricht, iets meer dan een week geleden. Ik vind het een prettig idee dat al mijn spulletjes netjes in het kastje en in de badkamer liggen. Het opruimen geeft een gevoel van controle.

Ik heb mijn e-reader en wat tijdschriften meegenomen en leg ze in een keurig stapeltje op de tafel. Een beetje gezelligheid kan geen kwaad. Eigenlijk had ik nog een geurkaars of wat bloemen mee moeten nemen. Misschien sturen mensen wel bloemen? Zou ik vrienden mijn kamernummer moeten appen voor als ze een kaartje willen verzenden? Eigenlijk heb ik er weinig zin in om iedereen lastig te vallen, straks voelen ze zich verplicht om wat te sturen. Dat hoeft nou ook weer niet. Of… nou ja, natuurlijk wel… stiekem wil ik hier best een complete surpriseparty als ik uit de narcose kom. Toeters en bellen en bossen bloemen, liefst pioenrozen. Misschien kunnen ze wel een ABC'tje voor me maken. De A is van het Antoni, daar lig jij nu weer. De B is van Baarmoeder, die heb jij niet meer…

Terwijl Bart twee koffie gaat halen, pak ik mijn tas verder uit. Eigenlijk heb ik niet eens zo gek veel bij me. Een pyjama en een extra joggingbroek, twee shirts, wat dikke sokken en een stapeltje grote slips. Ik zal het gros van de tijd toch in m'n ziekenhuishemd doorbrengen, waarschijnlijk in m'n blote bips. Of zou ik weer een luier om krijgen?

STOP! Even geen vragen meer.

Maar de verpleegkundige komt binnen, stelt zich voor en heeft ook meteen een vraag voor me.

'Wilt u ervoor tekenen dat u gereanimeerd wilt worden, indien dat nodig is?'

Nooit gedacht deze vraag ooit te krijgen, laat staan op achtentwintigjarige leeftijd. Ik kruis het vakje 'ja' aan. Ik wil nog wel eventjes mee. Bart is inmiddels terug met de koffie en kijkt mee over mijn schouder. Hij glimlacht gerustgesteld.

Na wat onderzoekjes, een temperatuur- en bloeddrukmeting en wat buisjes bloed die worden afgenomen, hebben Bart en ik de kamer voor onszelf. Het is pas vier uur 's middags, hij mag nog tot een uur of acht blijven. Wat kunnen we de komende uren in het ziekenhuis ondernemen? Geen flauw idee.

Erger nog: wat moet ik hier in godsnaam vanaf acht uur vanavond tot half zeven morgenvroeg in mijn eentje doen? De kamer is, als je er eenmaal eventjes in zit, toch best wel benauwend. Gelukkig zit rechts van mijn bed een raam met uitzicht over Nieuw-West. Een welkom beetje licht en lucht.

We kruipen samen in het bed dat toch een tikje te krap blijkt voor twee volwassenen. Dat Bart bijna twee meter is helpt natuurlijk niet mee; zijn voeten drukken opgeklapt tegen het opstaande voeteneind.

Dit ziekenhuis is een stuk moderner dan wat ik gewend ben. Alles gebeurt hier digitaal, er hangt geen papieren dossier of patiëntenkaart op een clipboard aan mijn bed. Het televisiescherm zit vast aan een grote buigbare arm zodat ik het handig naar me toe kan trekken. Alle televisiezenders zitten erop. De verpleging en artsen gebruiken het scherm ook om mijn gegevens erin te zetten, dan zwiepen ze het de andere kant op. Ideaal.

In elkaar verstrengeld kijken we stomme tv-programma's zoals *Dr. Phil* en *Say Yes To The Dress*, dan het nieuws en tot slot het weerbericht. Afgelopen nacht was het de eerste nacht met een graadje vorst aan de grond. Vannacht wordt het niet zo koud, zeggen ze. De weersvooruitzichten zijn goed. Morgen breekt de zon door en tegen het weekeinde wordt het warmer. Zou ik dan al naar huis mogen? Of moet ik het hier echt een volle week uithouden?

Bart en ik keuvelen over van alles, behalve over waarom ik hier ben. We weten allebei wat komen gaat. Geen van ons heeft er zin in. Ik ga dan wel onder het mes, maar hij moet morgen de hele dag afwachten en hoort waarschijnlijk pas tegen de avond hoe het verlopen is en of hij langs kan komen. Mijn vader en hij hebben telefoonnummers uitgewisseld, papa staat als mijn eerste contactpersoon in het ziekenhuissysteem. Hij heeft beloofd Bart direct te zullen bellen zodra hij wat hoort.

'Hoe laat denk je dat je morgen teruggebracht wordt naar je kamer?' vraagt Bart.

'Ik heb geen idee. Volgens mij staat de operatie om acht of negen uur 's ochtends gepland, maar eerst krijg ik natuurlijk nog de voorbereiding met de anesthesie. Daarna duurt de ingreep tussen de zes en acht uur, geloof ik. En dan nog naar de uitslaapkamer. Dus met een beetje pech ben ik pas om acht uur morgenavond terug op mijn kamer.'

Dan is het tijd. We nemen buiten afscheid. Eerst lopen we richting het parkeerterrein, we willen niet pal voor de mensen op de wachtbankjes voor het ziekenhuis uitgebreid staan tongen. Want dat doen we natuurlijk. Een eindeloos lange kus.

Daarna zie ik hem voor het eerst huilen. We zijn bijna bij de parkeergarage als ons gesprek stilvalt en ik opzij kijk. Een traan biggelt vanuit zijn ooghoek naar beneden, zijn lippen samengeperst tot een dunne streep. We zeggen niets. Misschien is hij nog wel banger dan ik. Ik zal morgen de hele dag in slaap zijn terwijl hij nagelbijtend op kantoor zit. Bijna heb ik meer medelijden met hem dan met mezelf.

Ik ril en wil naar binnen. Een laatste kus. Terwijl hij achteruit naar de garage loopt, blijft hij me aankijken. Ik verroer me niet. Mijn voeten lijken één te worden met de stoep. Als ik één nacht mag kiezen om niet alleen door te brengen, was het wel deze.

Maar ik moet iets zeggen. We hebben vandaag zoveel gepraat en nu lijken de woorden op. Zo zijn wij niet. Wij praten altijd.

'Ik zie je morgen!' gil ik keihard over het terrein. Een duif schrikt van mijn stem en vliegt weg.

'Tot morgen!' roept hij terug.

Nooit eerder betekenden die twee woorden zoveel.

Ik lig op mijn kamer, in bed Pringles te eten. Wat zou dat trouwens ook treurig zijn, als ik de operatie morgen niet overleef. 'Culinair schrijver Monique van Loon at chips als laatste avondmaal.'

De verpleging komt langs om mijn temperatuur en bloeddruk te checken. De band om mijn bovenarm wordt zo intens strak aangetrokken dat ik bang ben dat mijn tattoos er straks kromgetrokken onder vandaan komen. Gelukkig zijn alle waardes goed.

'Ik geef je straks nog een slaapmiddel,' zegt de verpleegster, een lieve vrouw van een jaar of vijftig met zachte blonde krullen. 'Maar daarvoor ga ik nog een klysma bij je aanbrengen, om je dikke darm leeg te maken voor de operatie morgen. Dus,' ze wijst naar de bus chips waarvan de bodem in zicht komt, 'eet die nog maar even snel op.' Ze knipoogt en loopt weg. Ik mag haar wel.

Ondertussen voer ik meerdere app-gesprekken tegelijkertijd. Met Bart, mijn vader en een paar vriendinnen. Om de tijd te doden, maar ook omdat ze samen met mij allemaal een beetje zenuwachtig voor morgen zijn. Met humor houden we de moed erin.

Ik stuur een foto van mezelf in bed met de chips naar Bart.

'Zolang ze nog niet komen met dat klysma eet ik gewoon stug door hoor!' typ ik.

'Brave meid,' is zijn reactie.

Maar dan is het toch echt zover. Het eerste klysma van mijn leven. Als Patty Brard het kan, dan ik ook. Gelukkig valt het mee, al is het wel een beetje vreemd en vies. Dat kan ook weer van de lijst van dingen die ik eigenlijk nooit wilde doen.

De klok tikt bijna half twaalf aan. Hoe langer ik opblijf, hoe korter ik hoef te malen in mijn slaap. Nu kan ik mezelf tenminste nog afleiden met mijn telefoon.

De engelachtige verpleegster komt nog een laatste keer bij me kijken. Ik poets mijn tanden terwijl ik met haar klets, mijn mond vol schuimende tandpasta. Daarna kruip ik weer onder de lakens.

'Ik doe zo het licht uit, Monique. Ik geef je alleen nog een tablet met een kalmerende werking, daarvan krijg je een lekker slaperig gevoel, maar soms ook een beetje een droge mond. Je mag eigenlijk vanaf nu tot aan de operatie niet meer eten en drinken, maar ik zal een heel klein glaasje water op je kastje hier zetten. Als je me maar belooft dat je ermee doet tot morgenochtend. Heel kleine slokjes dus.'

Ik beloof het.

Ze stopt me in, zoals mijn moeder dat vroeger deed, als een strak ingebakerde baby.

27

Ik ben net wakker gemaakt, de wijzers op de klok zeggen dat het kwart voor zeven is. Slaperig, met een droge mond en opgedroogd speeksel in de hoeken, realiseer ik me dat ik verrassend goed geslapen heb vannacht. Het pilletje heeft z'n werk gedaan en misschien was ik ook te moe voor nachtmerries.

Eerst even douchen. Opfrissen, een kam door mijn haar, een tandenborstel door mijn mond. Ik ben onverwachts opgewekt, zou bijna willen zeggen dat ik zin heb in wat komen gaat. Ik app wat mensen dat ik nu nog even wakker ben. Bart heeft in tegenstelling tot mij geen oog dichtgedaan.

Een nieuwe verpleegster zwaait de deur open, glimlacht van oor tot oor en begroet me op de meest vrolijke toon die ik ooit heb gehoord: 'GOEDEMORGEN!'

Ze stelt zich voor als Anneke. Grappig, zo heet de moeder van Bart ook.

'Ik ben deze week een beetje je vaste verpleegster, alleen 's avonds en 's nachts is er een andere zuster. Als er iets is wat je nodig hebt, iets wat je verblijf aangenamer maakt, zeg het me. Ik ben er voor je.'

Ik ben er een beetje stil van. Vijf sterren voor Anneke.

Ze geeft me oxazepam. Ik heb dat nog nooit gehad, ken het alleen als kalmeringsmiddel dat rijke huisvrouwen uit televisieseries gebruiken. De zogenaamde 'pammetjes'.

'Wat doet dit precies?'

'Het remt de hyperactiviteit in je hersenen. Je gaat er minder van piekeren, je wordt wat rustiger en slaperig. Heel lekker.'

Nou, doe me er dan maar twee, denk ik. Gelukkig heeft ze het beste met me voor en houdt ze zich aan de regels. Anneke is geen dealer.

Om 8.36 uur is het zover. Het koningsblauwe operatiejasje steekt fel af tegen de hagelwitte lakens, mijn lange haar ligt als een waaier op het hoofdkussen. De zenuwen beginnen in te slaan, ondanks de oxazepam. Mijn lippen voelen droog, mijn tong als een doorgebakken biefstuk. Ik begin zelfs te zweten, en dat terwijl ik in het dagelijks leven nauwelijks transpireer. Zelfs in de sauna houd ik het meestal droog.

Anneke rijdt me samen met een andere verpleegkundige de kamer uit, de lange gang van de C-vleugel door. Het was al een voordeel om lekker achteraan te liggen, maar nu heb ik ook nog wat extra reistijd. Stiekem vind ik het heerlijk om zo liggend door de gangen gerold te worden, het voelt als een soort veilige achtbaan. De lift in, naar beneden zoeven, naar de lagere verdieping waar het gaat gebeuren.

In tegenstelling tot het AMC hoef ik niet in een mensenfile te wachten op de anesthesie, maar word ik meteen naar de voorkamer van de OK gebracht. Daar wacht mijn anesthesioloog. Of heet het anesthesist? Zijn dat eigenlijk dezelfde beroepen?

De arts die mij in slaap gaat brengen is lang, atletisch, knap en… Duits. God, wat een afknapper. Ik heb absoluut niets tegen Duitsers, maar hoe erg het ook klinkt, ik vind het accent vreselijk. Deze meneer, met een klein kuifje en lichtgrijs stoppelbaardje, zal dadelijk een naald in mijn rug prikken. Baren zal ik nooit, maar die ruggenprik pak ik toch mooi nog even mee.

'Als anesthesioloog ben ik tijdens deze operatie verantwoordelijk voor jouw verdoving en het controleren van je lichaamsfuncties,' mompelt hij monotoon. God, het is dinsdagochtend en ik heb hier óók geen zin in, maar kan hij wellicht een beetje enthousiasme of emotie veinzen?

Mijn zenuwen stijgen en mijn optimisme zakt met de minuut dieper weg. Hier, in het kankercentrum van Europa, in misschien wel de spannendste ruimte van dit complex, valt er niets meer te lachen.

In het kleine kamertje moet ik zijdelings op het bed zitten. Met mijn hoofd voorovergebogen, mijn armen en benen bungelend boven de vloer, alsof ik iets van de grond ga oprapen. De Duitser en zijn assistent inspecteren mijn rug. Over mijn ruggengraat loopt een tatoeage, de eerste die ik ooit liet zetten, ik woonde net in Amsterdam. Het is een tekst uit *Le Petit Prince*, mijn favoriete kinderboek: '*On ne voit bien qu'avec le coeur. L'essentiel est invisible pour les yeux.*' Het paste maar net op mijn korte rug, het laatste woord valt ver onder mijn beha. De essentiële dingen in het leven zie je niet met je ogen, maar enkel met het hart.

De mannen achter me hebben hun ogen echter hard nodig, want het blijkt lastig om me aan te prikken.

Het is een epidurale ruggenprik, wordt me verteld, via het slangetje kunnen ze me de komende dagen pijnstilling geven. Ik vraag waarom ze me niet eerst in slaap brengen, dan kan dit gedoe plaatsvinden terwijl ik in dromenland ben. Blijkbaar is er een goede reden voor, dat ik dit bij vol bewustzijn moet meemaken.

In mijn gebolde rug wordt een naald geprikt, ik denk dat het 'de' ruggenprik is, maar het is enkel nog een verdoving van het gebied. Er wordt alleen niet goed verdoofd, want als de Duitser de echte naald tussen mijn wervels duwt, voel ik alles.

ALLES.

Vooraf heb ik aan een vriendin gevraagd hoe zij de ruggenprik ervoer die ze ooit tijdens haar bevalling kreeg. Ze verzekerde me dat het hartstikke meevalt. Terwijl ik kerm van de pijn en de verpleegster van schrik mijn hand pakt, realiseer ik me: voor mijn zwangere vriendin was de prik een opluchting. Van pijnlijke weeën naar welkome ontspanning.

Dit is totaal niet te vergelijken.

Dit.

Doet.

Pijn.

Ik voel dat de naald terug uit mijn wervel getrokken wordt. Godzijdank, het zit erop. Ik recht mijn rug weer, maar krijg meteen een tik tegen m'n schouders.

'Neen,' zegt de man. Het klinkt als een boze *nein.*

'We moeten nog een keer, ik krijg hem niet goed gepositioneerd. Blijven zitten.'

Fuck. Ik moet dus nog een keer. Ik wil roepen om meer verdoving, zeggen dat ik alles voel, maar mijn mond zit op slot en het duizelt me. Sterretjes voor mijn ogen, terwijl ik met mijn hoofd nog steeds tussen m'n knieën zit. Ik knijp hard in de hand van de zuster.

Ik voel hoe het koude metaal zich opnieuw een weg boort

in mijn wervelkolom. Dit keer op een iets andere plek, die nog minder verdoofd lijkt. Ik wil mijn moeder, ik wil opgekruld onder de dekens, ik wil ingestopt worden als een baby. Ik mis Bart. Ik wil naar huis.

Ze zijn nog niet klaar met me. Blijkbaar is de tumor niet het enige wat fout zit in mijn lijf, mijn wervels willen ook niet meewerken.

Drie keer blijkt scheepsrecht. Inmiddels is de verdoving wat beter ingewerkt, dus van de derde dolksteek voel ik minder dan van de eerste twee. Zodra de Duitser de naald op de juiste plaats heeft gebracht, brengt hij het slangetje in. Een maf gevoel. Niet pijnlijk.

'Jaah,' besluit hij zijn martelgang. 'Es is gelukt.'

De assistent legt uit dat later het verdovingsmiddel via een pompje aan de slang wordt toegediend.

'Je kunt zo merken dat een deel van je onderlichaam warm en gevoelloos wordt, maar dikke kans dat je al onder zeil bent als dat gebeurt. We zullen een beetje proberen op te schieten, we hebben best wat tijd verloren net.'

No shit, Sherlock. Ik heb bijna een half uur met m'n kop tussen mijn benen op een harde tafel gezeten terwijl iemand een naald tussen m'n wervels probeerde te steken. Ik heb een houten reet en een slang in m'n rug. Kom maar door met dat slaapmiddel, ketamine, whatever, geef het me.

Dat denk ik. Maar ik lispel alleen stilletjes: 'Oké.'

Ik word op een ander bed gehesen en ingesnoerd. Straks word ik achterover getakeld, is me verteld. Mijn hoofd naar achteren, mijn benen omhoog in de lucht. Dat schijnt iets met zwaartekracht en bloedsomloop te maken te hebben. Alsof ik in een kermisattractie zit. Ik ben blij dat ik slaap tegen de tijd dat ze met me gaan stunten.

Een assistent prikt een infuusnaald in elke hand. De een schijnt voor de echte slaapmedicatie te zijn, de ander voor het toedienen van vocht. Ik voel me net het monster van Frankenstein, aan twee handen geboeid aan een operatietafel. Mijn aderen zijn even blauw als mijn hesje en liggen dik boven op mijn kleine handen. De huid is akelig dun. Meteen raak schieten blijkt voor deze jongen geen probleem, misschien kan de Duitser bij 'm in de leer.

God, wat ik ben pissig op die Duitser. Natuurlijk deed hij zijn best, fouten maken is menselijk... Maar twee keer mis prikken? Was dat nou echt nodig?

Ik wil de dingen snappen. Ergens de controle houden. Maar mijn lot ligt allang niet meer in mijn eigen handen. Links en rechts wordt er aan me gesjord. Apparaten om me heen piepen, ik zie grafieken en cijfers waar ik niets van begrijp.

Dan komt mijn eigen arts binnenlopen, dokter L. Het doet me goed een bekend gezicht te zien. Haar warme stem is precies wat ik nu nodig heb. Als een warme, zachte deken vallen de klanken van haar stem over me heen.

'Goedemorgen Monique. Ben je er een beetje klaar voor? Mijn collega, dokter T, komt zo ook. Samen zullen we de robot besturen en de operatie uitvoeren.'

Schaapachtig kijk ik haar aan. Opeens weet ik niets meer te zeggen. Spraakwaterval Van Loon is sprakeloos. Ik geef me over. De controle is aan hen.

De dokter neemt plaats in een aparte cabine, vanuit daar gaat ze de robotarmen bedienen. Wees maar lief voor me, Leo. Het slaapmiddel wordt geleidelijk toegediend. Ik ben niet meteen weg, het gaat sloompjes. Ik weet wat komen gaat, want ik heb dit al twee keer eerder meegemaakt. Daarom weet ik ook wat nu volgt. De welbekende lieve narcosevraag.

'Denk maar aan iets fijns terwijl wij je in slaap brengen,' zegt de assistent. 'Dan droom je rustig weg. Heb je al iets moois in gedachten?' Zijn stem klinkt zalvend. Dit doet me goed.

'Bali,' prevel ik traag, 'het strand van Bali... Daar ga ik met mijn vriend heen als ik weer beter ben.'

Het is de waarheid. Ik denk aan de azuurblauwe zee, kabbelend water, knisperend zand tussen mijn tenen dat eigenlijk te heet is om zonder slippers op te lopen. Bali is mijn lievelingsbestemming. Visjes van de grill, vers kokoswater, gitaarmuziek op het strand. Nasi goreng in kleine eetstalletjes, 's avonds cocktails drinken. Zoenen onder de sterrenhemel. Vrijen in het privézwembad. Wakker worden van de zonsopgang.

Net voordat ik voel dat de medicijnen beginnen te werken, mijn spieren zich ontspannen, mijn onderbuik tintelt en mijn benen warm worden, vlak voordat ik aangenaam wegzak, hoor ik de Duitser nors brommen:

'Bali? Daar is nu toch die vulkaanuitbarsting?'

28

Drie paar ogen kijken me hoopvol aan. Bart, mijn vader en Ank. De eerste zit op een krukje naast mijn bed. De laatste twee op de stoelen aan het tafeltje waarop nu een vaas met bloemen staat. Het zijn mooie bloemen, roze, mijn lievelings. Chrysanten en gerbera's, zal ik later zien. Maar op dit moment zouden het net zo goed palmbomen kunnen zijn of flamingo's, netjes rechtop in een vaas.

Ik ben apestoned. Maar ik ben wakker.

Ben ik wakker?

Later zal ik te horen krijgen dat ik raaskalde, iets zei over een dierentuin bij papa thuis en dat Bart er zo goed uitziet in het zwart. Zijn shirt was wit.

En vooral dat ik vaak, héél vaak zei hoe blij ik was om hen te zien. Ik zei het, dommelde weg, deed mijn ogen open en zei het weer opnieuw, en opnieuw.

Hadden ze het maar gefilmd, dan hadden we nu nog wat te lachen gehad.

Nu is het woensdag. Althans, dat zegt zuster Anneke. Ik geloof haar maar. De afgelopen nacht was misschien wel de vreemdste uit mijn leven. Constante lucide dromen, telkens abrupt onderbroken door de nachtzuster die elke anderhalf uur mijn infuus moest vervangen. Bloedhitte wisselde zich af met ijskoude momenten. Ik woelde en draaide, maar ik lag vast aan talloze slangen. Linkerhand, rechterhand, eentje in mijn rug langs mijn schouders, eentje uit mijn kruis – de katheter. Ik zat vast.

Ik voelde me daadwerkelijk vastgeketend, raakte in paniek, duwde talloze keren op de noodknop. Ik heb gegild. Ik gil nooit. Meestal kwam er iemand die me probeerde gerust te stellen, maar eentje dacht dat ik het koud had – ik zei waarschijnlijk ook dat ik het koud had – en stopte me tot onder mijn kin in met de lakens. Toen nog een plaid eroverheen. Iets te enthousiast geloof ik, want toen ik vanochtend wakker werd was ik van top tot teen bezweet, maar zat het dekbed nog strak om me heen gewikkeld. Als een ingebakerde baby die zichzelf niet los kan wurmen.

Maar ik ben bevrijd, Anneke heeft me bevrijd. Het ochtendgloren ruikt naar troost. Er is geen paniek meer.

Als het woensdag is, dan heb ik dinsdag overleefd. De ingreep is achter de rug. Ze hebben het nog niet bevestigd, maar ik geloof dat ik ervan uit kan gaan dat ik voortaan baarmoederloos door het leven ga. Ik voel er niks van.

Terwijl Anneke allerlei waardes checkt en op het scherm boven mijn bed invoert, vraag ik of ze mijn telefoon even wil pakken. Die heb ik gelukkig nog opgeladen voordat ik gister weggereden werd.

Met moeite grijp ik het apparaatje vast. Ik heb weinig kracht in mijn handen en de infusen zitten in de weg. Tergend traag klik ik de chat-app aan en zie de vele berichtjes. Ik klik op Bart, zijn profielfoto kijkt me lief aan.

Hij stuurde gisteravond, kwart over negen: 'Als je dit leest hoop ik dat je lekker wat rust hebt kunnen pakken. Ik hou superveel van je en ben zo opgelucht dat alles goed verlopen is. Kan niet wachten tot m'n mini weer in m'n armen ligt.'

Mini. Dat ben ik. Zeker in dit kolos van een bed.

Om half twaalf, ik heb zo te zien niet gereageerd op het vorige bericht: 'Ik ga nu slapen lief, mis je naast me en hou van je als geen ander.'

De klok op mijn telefoon geeft 7.04 uur aan. Ik kan niet typen met deze trekpop-armen, maar wel een *voice message* inspreken. Ik schrik van mijn eigen stem als ik begin te praten. Die klinkt raar en krakerig met af en toe een hoge uitschieter. Mijn tanden voelen ook eigenaardig, volgens mij is mijn gebit een beetje beschadigd door het beademingsbuisje. Daar hadden ze me al voor gewaarschuwd. Ik heb duidelijk lang in een ongelukkige houding gelegen, de zenuwen in mijn arm voelen bekneld en mijn benen tintelen. Ik schraap mijn keel en praat Bart verder bij met mijn smurfenstem. Hij komt direct online en tikt terug.

'Was zo blij dat ik er gister was! Je keek zo gelukkig toen je de kamer in werd gereden. Wilde eigenlijk ook gewoon bij je blijven, maar je lag al lekker te slapen. Je werd niet eens wakker van mijn laatste kus.'

Ik kan het me ook helemaal niet meer herinneren.

'Waren jullie er al lang?' spreek ik in.

'We waren in de hal beneden aan het wachten, je vader werd op een gegeven moment wel ongeduldig. Hij was al uren daarvoor gebeld en was meteen de auto in gesprongen. Maar we zaten gezellig te praten. Toen werden we naar boven geroepen en werd jij binnengebracht.'

Ik spreek een paar lieve woorden terug in, heb geen kracht

voor meer. Mijn stem klinkt nog steeds niet als de mijne, het is nu een soort mix tussen Scooby Doo en een verstokte kettingroker.

'Zo fijn je stem weer even te horen, lief. Ik heb de hele nacht liggen draaien, lig al vanaf zes uur wakker.'

Arme Bart. Hij en ik, nog geen vijf kilometer van elkaar verwijderd. Beiden slapeloos in twee compleet verschillende werelden. Hij gaat koffiezetten, zijn rugzak inpakken, het alarm van zijn huis instellen. Ik ga nog even verder tukken. Zodra ik op 'verzenden' klik, dommel ik al weg.

Ik dacht dat ik me dood zou vervelen in het ziekenhuis, stil liggend op mijn kamer. Niets blijkt minder waar. Hoewel ik een privékamer heb, lopen de mensen al de hele ochtend in en uit. Naast zuster Anneke nog allerlei andere verplegers en anesthesisten.

Inmiddels heb ik één hand terug. Het infuus van het vocht is eruit omdat ik inmiddels al goed heb gedronken. Nu zit alleen nog mijn rechterhand vast aan slangen en draadjes.

De meneer van de pijn, zo heb ik hem in mijn hoofd genoemd, komt op bezoek. Ik weet niet precies wat zijn functie is, maar hij komt vragen naar mijn pijncijfer. De verpleging deed dat eerder ook al, maar mijn hoofd is zo wazig van alle morfine die via de slang in mijn rug wordt gepompt, dat ik vergeet welk cijfer ik hiervoor heb gegeven. Blijkbaar zit er nog steeds in mijn systeem dat ik iets 'goed' of 'fout' kan doen. Het is geen wedstrijd, Monique, spreek ik mezelf toe. Er is geen perfect antwoord.

De meneer van de pijn is boomlang en ik kan het verkeerd hebben, misschien komt het door het spul dat ze me geven, maar hij lijkt met me te flirten. Hij geeft knipogen en stelt persoonlijke vragen die niets met het pijncijfer te maken hebben. Of is hij gewoon vriendelijk? Is dit onderdeel van de cursus hoe-om-te-gaan-met-kankerpatiënten die het personeel hier krijgt?

Ha, wacht eens even. Ik ben helemaal geen kankerpatiënt meer! Toch?

'Het pijncijfer, mevrouw Van Loon.'

Hij is er blijkbaar nog steeds. Ben ik weggesoest terwijl hij aan mijn bed stond? Waar zijn mijn manieren als ik ze nodig heb?

'Geef de pijn een cijfer tussen de nul en tien. Nul betekent géén pijn. Tien is de ergst denkbare pijn. Bij een cijfer van vier of hoger heeft u matige tot ernstige pijn, dan geven we u extra medicijnen.'

Dit riedeltje komt me bekend voor, volgens mij heeft hij dit eerder opgedreund. Ik ben echt tussendoor in slaap gevallen, geloof ik.

'Eh… drie…?' murmel ik.

'Goed, prima.' Hij knipoogt.

'Geef het aan als het anders wordt, dan dienen we meer morfine toe. We willen niet dat je onnodig pijn hebt.'

Ik zit gewoon aan de morfine. Morfine! Wat een rare gewaarwording. Knipoogde hij nou nog een keer? Ik ben echt een *mess*.

Dan is het tijd om voor het eerst uit bed proberen te komen. Ik had niet gedacht dat ik dat de dag na de operatie al meteen zou kunnen. Anneke doet me voor hoe ik mijn lichaam het beste kan manoeuvreren met alle slangen in en aan me. Eerst op mijn linkerzij rollen, mijn benen over de rand gooien en proberen mijn voeten op de grond te zetten, zodat ik daarna echt naast het bed kan staan. Ik heb een beugel boven mijn bed hangen voor houvast bij het omhoog komen.

Ik denk terug aan het weekend Maastricht. Wat ik toen al dacht: over een paar weken ben ik half invalide. En nu is het zover. Mezelf op mijn zij rollen lukt met moeite. Mijn benen willen niet mee, ze lijken niet meer van mij.

Mijn buik is opgeblazen. Het lijkt wel alsof ik vijf maanden zwanger ben. Dat was een van de eerste dingen die me opvielen toen ik vanochtend wakker werd: die gigantische buik. Alleen zit er bij mij geen baby in, maar koolzuurgas dat erin is gespoten om meer ruimte te maken voor de operatie. Hoe krijg ik die lucht er het snelst uit? Het logische antwoord lijkt via scheetjes, maar misschien gaat het wel gewoon via mijn mond. Grappig. Ik kan hier de hele dag liggen winden, niemand die het wat uitmaakt. Flatulentie hoort nou eenmaal bij zieke mensen.

Ik probeer nog steeds te oefenen met uit bed komen. Uiteindelijk, met veel hulp van Anneke en nog meer gescheld van mij, lukt het. Ik zit. Nu nog eraf, wat veel makkelijker blijkt te gaan. Ik schuifel anderhalve meter van het bed af, verder kan niet, want ik heb weer een prachtige zak spa geel. Het blijft gek dat mijn urine nu via een slang in die zak druppelt en dat ik daar he-le-maal niets van merk.

'We kunnen wel verder van het bed lopen, maar dan moet ik even de zak loshalen en vasthouden.'

Ik schud nee. Ik vind het gênant als ze mijn plas moet meezeulen, ook al zit die in een hermetisch afgesloten pvc-zak.

'Ik vind het eigenlijk wel weer genoeg voor nu.'

Alles doet pijn, en toch ook weer niet, door de morfine. Mijn pijncijfer is zowel 0 als 10. Ik snap niets meer van mijn lichaam.

Toen ik zojuist in de spiegel keek, was dat geen fraai gezicht. Mijn huid is gezwollen en dooraderd, mijn oogleden zijn dik en er zit een grote rode vlek op mijn neus. Het lijkt een pukkel, maar de zuster zegt dat het door het kapje komt dat ik tijdens de operatie op had. Toch wil ik hem uitknijpen, het ziet er niet uit zo.

'De zwelling komt doordat de operatietafel op een hoek van vijfenveertig graden heeft gestaan. Het trekt straks wel weg.'

Mijn bloeddruk, hartritme en de consistentie van mijn spa geel worden gecontroleerd. Alles is in orde.

's Avonds komen mijn vader en Ank weer langs. Gisteravond waren ze er ook al, maar daar heb ik dus weinig van gemerkt.

'Blij om te zien dat je weer wat kleur hebt,' zegt Ank, zoals alleen moeders dat kunnen.

'En je hebt alweer praatjes,' vult mijn vader aan. Hij vertelt hoe het gisteren voor hen was.

'We zaten stiekem al in de auto, we konden niet langer meer wachten,' vertelt Ank. 'Toen we al halverwege waren, werden we pas gebeld. Het was je eigen arts, ze wilde graag persoonlijk ons mededelen dat het goed was gegaan,' vult mijn vader aan. 'Toen ze zei dat het goed was, viel er zo'n ongelooflijke last van onze schouders, Monique.'

'Ja, hij heeft wel een traantje weggepinkt.' Ank kijkt mijn vader vertederd aan. Ze zijn nog steeds verliefd. Daar moet ik dan weer bijna van huilen.

Voor het eerst heb ik trek. Ze bestellen eten voor me bij de mevrouw van de catering, een bruuske dame die een paar keer per dag langszoeft. Als Speedy Gonzales, met het menu aan een clipboard in haar hand, een dienblad met eten en drinken in het andere. Soms nog een leeg kopje aan een pink, het is een mooi schouwspel om gade te slaan.

Het wordt 'kip Hawaii'. Laat ik voorzichtig stellen dat ik hier niet snel over zou schrijven op Culy, hoewel de stukjes ananas wel een aangename zoetheid aan mijn dorre mond geven. Chips voor de operatie en kip met ananas als eerste maaltijd erna. Dat wordt nog wat, met die culinaire carrière van mij.

Mijn website, waar ik de laatste zes jaar zo hard aan heb gewerkt, lijkt mijlenver weg, iets uit een ander leven. Online heb ik nog niets gedeeld over mijn ziekte. Dat klinkt misschien normaal, maar ik deel al vanaf mijn veertiende mijn complete leven met online volgers. Eerst ging het over mode- en meidenzaken, later over eten. Tussen de bedrijven door hebben mijn volgers kennisgemaakt met mijn persoonlijkheid, mijn vrienden en mijn lovers. Mijn hoogtepunten maar ook dieptepunten. Zo heb ik ooit zelfs een interview aan een krant gegeven over de impact van de scheiding van mijn ouders. Relaties die verbroken werden of bedrijven die stopten, ik deelde het allemaal.

Toch heb ik over de kanker tot op heden nog niets verteld. In het dagelijks leven kan ik niet stoppen erover te praten met de mensen om me heen, maar op sociale media houd ik er liever mijn mond over.

Misschien doe je dat vanwege je imago, opperde een vriendin laatst.

Het ligt anders. Ik denk dat ik mensen die ik écht niet ken, die mij alleen kennen via een beeldscherm, niet lastig wil vallen met het onderwerp. Ik wil onbekende mensen mijn problemen niet door de strot duwen. Niet van dit kaliber, niet via sociale media.

Bovendien heb ik er de kracht ook niet voor. Misschien kan ik ook wel niet dealen met alle reacties die zullen komen. Misschien is dit een van de weinige onderwerpen die ik echt té kwetsbaar vind voor sociale media.

Pas als de tijd daarvoor rijp is, zal ik het ook delen met de mensen die op afstand aan me denken – omdat ze al zoveel van mijn leven kennen. Behalve dit.

29

Donderdag. De operatie is pas twee dagen geleden en ik weet niet of ik geluk heb omdat ik redelijk goed in shape was of omdat de morfine zo lekker aanslaat, maar ik voel me eigenlijk best wel goed. Ik ben vanochtend al twee keer uit bed gekomen, zij het met hulp van engel Anneke. Ik heb even op een stoel gezeten, zij hield de plaszak vast. Ik moest mezelf wel over mijn schaamte heen zetten, maar het was het waard. Als alles goed gaat, mag de katheter er straks uit. Nog een stukje vrijheid verdiend.

Elke avond krijg ik een injectie in mijn bovenbeen om trombose te voorkomen. Beweging is een nog beter medicijn. Ik voel me een oma, maar wel een montere. Ik heb zin in mijn herstel. Het voelt goed om te werken aan betere tijden.

Dokter L is gisteren langs geweest en ze was zeer tevreden over hoe de operatie is verlopen. Niet al te veel bloedverlies, het orgaan en de dingen eromheen zijn netjes verwijderd. De hechtingen zijn mooi geworden, zei ze. Zowel van binnen als van buiten. Ik heb nog niet naar mijn blote buik durven kijken, die nu pas wat platter begint te worden.

De mensen van de verpleging, pijnstilling en maaltijden

wisselen elkaar af, als een toneelgezelschap met steeds een andere groep acteurs op de bühne. De dame van de catering blijft mijn favoriet. Vandaag op het lunchmenu: broodjes kroket en maissoep. Op beiden ben ik dol en als de vrouw ziet dat ik twijfel, fluistert ze samenzweerderig: 'Ik kan ook allebei voor je bestellen, hoor'.

Ik knik en lach breeduit. Yes. Au. Mijn lippen probeer ik vet te houden met balsem, maar er is niet op te smeren tegen mijn broze gebarsten huid.

Naast de stoet aan ziekenhuispersoneel zijn er meerdere vrijwilligers die te pas en te onpas mijn kamer in marcheren. Ze komen om dingen te vragen of mijn bloeddruk te meten. Ik word hier geen moment met rust gelaten en als ik eindelijk even in slaap ben gevallen, staat er alweer een volgende karavaan aan m'n bed. Gelukkig is het voor een goed doel en is iedereen lief. De meneer van de pijn vooral.

Of het flirten nou zo bewust is of niet, door hem voel ik me nog vrouw. Aantrekkelijk bijna. Voor zover dat mogelijk is natuurlijk, in een blauw katoenen hemd en een witte boxershort. Hij lijkt het oprecht leuk te vinden om met me te kletsen. Als hij binnenkomt zorg ik dat ik wakker ben. Mijn haar is al twee dagen niet gekamd en mijn tanden zijn ook al even niet gepoetst, maar hem lijkt het niet te deren. En mij eigenlijk ook niet.

Nu ik in het ziekenhuis lig ben ik noodgedwongen gestopt met roken. *Needless to say* kun je lastig buiten een sigaret opsteken als je nog niet eens zelfstandig naar de wc kunt. Daarnaast was het wel een mooi moment om te stoppen. Ja, roken terwijl je kanker hebt is inderdaad tamelijk belachelijk, ook al heeft mijn vorm van kanker absoluut niets met nicotine te maken. Maar om ermee op te houden in de moeilijke maanden voorafgaand aan de operatie, vond ik wrang. Nu ben ik officieel gestopt. De laatste peuk deelde ik met Bart in het rookhok tegenover het ziekenhuis. Een doorzichtige keet die nog het meeste weg heeft van een desolate bushalte. Twee hardnekkige verslaafden in een glazen kooitje, een freakshow in dit verder – terecht – rookvrije ziekenhuis.

Nu ik weer trek in eten heb, groeit ook mijn behoefte aan een sigaret. Dat ik een goede reden heb om er geen op te steken, wil niet zeggen dat het ook mákkelijk is. Gelukkig hebben ze nicotinepleisters voor me geritseld, speciale, die ik mag plakken tijdens het gebruik van morfine en zes andere soorten pijnmedicatie. Helaas helpen de pleisters niet al te erg. Bovendien heb ik vooral zin in de handeling van het roken, niet zozeer in de nicotine.

Niet zo vreemd ook. Ik heb zin in allerlei soorten handelingen die nu niet kunnen of mogen. Zelf lekker lang douchen. Me uitgebreid insoppen met doucheschuim. Wandelen door de gang. Mijn rechterhand zonder infuus bewegen, daarmee zelf thee inschenken. Naar de wc gaan, zoals normale mensen elke dag doen.

Echt, écht naar de wc. Anneke verzekerde me gelukkig, dat als ik goed eet, ik straks automatisch weer zal kunnen poepen. Maar bij mij gaat nooit iets vanzelf. En mijn darmen zijn mijn hele leven al een drama, dan weer verstopt, dan weer het tegenovergestelde. Het zal nu ook wel niet normaal op gang komen, ben ik bang.

Er is ook goed nieuws: de katheter is eruit! Wat een opluchting. Wat een heerlijkheid!

Totdat ik me realiseer dat ik zelfstandig moet gaan plassen. Als dat niet lukt moet de slang terug. O nee, *no way*. Dit gaat me lukken. Terwijl ik op de wc zit, de verpleging aan de andere kant van de deur voor het geval er wat mis gaat, zet ik alle zeilen bij om er een druppel uit te persen.

Het worden er drie. Ik baal van de kleine hoeveelheid, maar Anneke is tevreden.

'Het is een begin,' zegt ze lief. 'Het komt wel goed.'

Het lijkt wel mijn verjaardag vandaag, want niet alleen de katheter is weg, ook de steunkousen mogen uit. De dikke maillot die al dagen over m'n benen is getrokken, tot in mijn liezen.

En het kan niet op, want ook het infuus in mijn rechterhand wordt verwijderd. Nu kan ik eindelijk mijn hand weer normaal gebruiken en een beetje appen. Erg eigenlijk, dat dat het eerste is waar ik aan denk. Zo zou ik nu ook weer Bart over zijn wang kunnen aaien, zijn hand echt in de mijne houden. Wat ik het liefste wil. Hij komt straks stipt om half zes, als het bezoekuur begint.

Ondanks dat ik alleen op de kamer lig, willen ze een beetje kalmte op de afdeling bewaren en zijn de bezoektijden gelimiteerd. Alleen papa, Ank en Bart mogen op bezoek komen. Tussen alle medische checks en bezoekjes door heb ik mijn rust namelijk hard nodig.

Misschien vind ik dat eigenlijk ook wel zo fijn. Misschien zou ik me voor anderen een beetje schamen, voor hoe ik erbij lig. Hulpeloos. Dat drie mensen me zo zien vind ik al erg genoeg. Hoeveel ik ook van ze hou, mijn vrienden zie ik liever als ik weer een beetje opgekalefaterd ben.

Bart en ik zitten lekker te kletsen aan mijn tafeltje als Anneke binnenkomt. Haar shift moet er bijna op zitten, rond dit tijdstip wordt haar team afgewisseld door de nachtploeg.

Ze complimenteert me met dat ik helemaal zelf op de stoel ben gaan zitten. Ik wiebel een beetje eigenwijs op de poten.

'Of heeft je knappe vriend je een handje geholpen?'

We glunderen allebei.

'Hé, luister eens,' vervolgt ze. 'Ik ga zo naar huis, maar ik heb nog een mooi voorstel voor je. Mijn plan is om de morfinepomp en de slang in je rug zo te verwijderen en over te stappen op medicatie in tabletvorm. Als je het daarmee eens bent, tenminste. Ik doe dat trouwens niet zelf, iemand moet me daarbij helpen.'

Ik knik. Dat lijkt me hemels. Los van alles zijn. God, wat kijk ik daar naar uit.

'Als je de nacht goed doorkomt, je pijncijfer morgen onder de drie zit en je zelfstandig de gang af kan lopen, vind ik dat je dan zelfs wel naar huis mag.'

Wat?! Morgen al?

Ze kijkt trots. Bart is perplex.

'Morgen al? Is dat niet nog veel te vroeg?'

Het is voor het eerst dat ik hem zo voorzichtig en bezorgd hoor. Normaliter is hij degene die niets eng vindt.

'Je vriendin kan meer aan dan je denkt, ze doet het supergoed. En als het niet gaat, dan niet. We ontslaan haar alleen onder de genoemde voorwaarden.'

Dat zou dan wel mooi de eerste keer in m'n leven zijn dat ik ergens word ontslagen.

30

Ik heb een nieuwe vriend: oxycodon. Wat er precies in zit, zoek ik later wel uit, maar ik heb goddelijk geslapen. Ik voel me opgewekt en alsof ik de hele wereld aankan. Vandaag ga ik naar huis. Ik voel het.

Gisteravond voor het slapengaan kreeg ik nog een klysma. Helaas kwam de stoelgang niet echt vanzelf op gang, sinds maandagavond had ik geen 'nummer twee' meer gedaan. Drie dagen is te lang, vindt ook de verpleging. Aangezien mijn *appetite* weer helemaal normaal is – misschien zelfs wel meer dan normaal want ik heb constant trek – moesten we de natuur maar een handje helpen. Een klysma dus. De tweede in een week.

Dit keer hadden ze een handiger systeem voor me. Nou ja, handig: ik kon het in ieder geval zelf doen, alleen en zonder hulp. Eerst moest ik een soort tube met spul in mijn kont steken, die leeg knijpen en vervolgens met samengeperste billen een kwartier wachten, in stabiele zijligging op mijn ziekenhuisbed. Daarna mocht ik zo voorzichtig mogelijk naar het toilet hupsen om alles vervolgens kwijt te raken.

Niemand heeft gezegd dat het hier charmant ging zijn. Gelukkig was Bart al weg.

Een stralende zon met de naam Anneke staat weer aan m'n bed.

'Hoe voel je je vandaag?'

'Supergoed. Een beetje suf, maar veel minder dan met de morfinepomp van eerder. Goed geslapen wel. En het klysma van gisteravond heeft wel een beetje gewerkt, laten we maar zeggen.'

Ze kan een glimlach niet onderdrukken.

'En het plassen?'

Als ik nu zeg dat ik er nog steeds maar een paar druppels per keer uitgeperst krijg, maar mijn blaas op knappen staat en ik daardoor amper durf te drinken, mag ik vast niet haar huis. En ik wil naar huis. Ik móét naar huis. Het is dan wel geen wedstrijd, maar al op de derde dag na zo'n grote operatie ontslagen worden, vind ik toch wel een prestatie. Ik heb het nodig om weer even trots op mezelf te kunnen zijn.

'Het gaat nog niet geweldig, maar het gaat,' besluit ik te antwoorden. Dat is niet echt gelogen.

'Pijncijfer?'

'Drie. Of twee. Nou ja, drie, maar straks vast twee.'

Het is nog vroeg. Alles kan nog gebeuren.

Annekes blik wordt strenger. 'Je bent je toch niet beter aan het voordoen dan je je voelt, hè? Het is echt niet erg om nog een dagje langer te blijven. Of twee. Je bed is nog gewoon voor je gereserveerd, al krijg je er vanmiddag wel een kamergenoot bij.'

Nou, dat is nog een reden om als de wiedeweerga op te knappen en naar huis te gaan.

‘Wanneer mag ik zelf de gang aflopen?’ vraag ik snel.

Ze grijnst. ‘Doorzettertje ben je hoor. Eerst ontbijten, dan douchen. We proberen het daarna. Ik waardeer je inzet, maar rustig aan, weet je nog?’

Bij de cateringmevrouw informeer ik naar de ontbijtopties. Of er ook wat warms is, misschien. De afgelopen dagen heb ik alleen een cracker gehad, of niks, omdat ik nog veel te gaar was. Maar vandaag heb ik wel zin in een koningsmaaltje.

‘Er is van alles mogelijk!’ zegt ze terwijl haar gezicht direct opklaart. Ze was de afgelopen dagen soms een beetje nors, maar nu ik ‘buiten de kaart om’ wil bestellen staan haar ogen meteen een stuk vrolijker.

‘Ik kan een lekker omeletje voor je laten maken, wil je dat?’

Ik knik.

‘Zeg maar wat je er allemaal in wil. Ham, kaas, champignons, spekjes, doperwtjes?’

Ik glunder. Dit wordt fantastisch!

‘Ham, spekjes en doperwtjes. En heb je ook toast?’

‘Zeker. Witte? Met boter?’

‘Dan wel echte boter. Geen margarine.’

Ze snapt me. Van echte roomboter knap je tenminste op, en precies dat kan ik vandaag wel gebruiken.

Na mijn beste ontbijt in tijden dirigeer ik mezelf uit bed. Op m’n zij rollen, omhoog slingeren met hulp van de beugel, benen over de rand, tenen op de grond… en staan met die banaan. Het duurt vijf minuten, maar het lukt.

Als een sluipmoordenaar in een actiefilm draai ik mijn hoofd de hoek om en inspecteer de gang. Niemand te bekennen. Het is dat ik geen infuus meer in mijn handen heb, anders had ik dat omhoog kunnen houden als een soort pistool. Alles om het detectiveplaatje compleet te maken.

En dan loop ik. Twee of drie kamers verder is er nog steeds niemand te bekennen. Ha, ik doe dit gewoon zelf!

Terug naar de kamer. Ik bedenk meteen een nieuw plan: zelfstandig douchen zonder dat iemand het doorheeft. Dan kan ik straks trots vertellen dat ik het zelf heb gedaan en is de verrassing bij Anneke extra groot. Dan zullen ze me zéker naar huis laten gaan. Ik app mijn vader alvast het goede nieuws, dat de kans groot is dat ik straks naar huis kan. Of hij voor de zekerheid de middag én de auto vrij wil houden.

In de badkamer app ik Bart over mijn snode plannetje. 'Operatie zelfstandig douchen gaat van start!'

Het is nog vroeg in de ochtend. Ik loop helemaal voor op schema, deze meid gaat het gewoon rocken.

Het gevoel van warm water dat over je gebroken lijf stroomt, is onbeschrijflijk. Gisteren werd ik nog door de verpleging gewassen, met een washandje. Hoeveel respect ik ook voor hen heb en hoe dankbaar ik ben dat ze het deden (anders zat ik nog steeds met korstjes tussen mijn benen en zweet onder mijn oksels), het is toch echt fijner om zelf onder het vallende water te mogen staan. Zelf je billen te mogen soppen, douchegel over je heen te wrijven.

Ik bekijk de littekens. Zes stuks zijn het. Ze hadden er vijf beloofd, maar soit. Ze lijken random verspreid over mijn buik, al heb ik vooraf gelezen dat daar wel een gedachte achter zit. Eentje zit in mijn navel, daar ging de camera in, deze is nauwelijks zichtbaar omdat mijn navel toch al vrij diep was. Linksboven en rechtsonder zitten er twee, de ene is groot en de ander klein, hier zijn de robotarmen doorheen gegaan. Rechtsonder en rechtsboven nog twee, ook allebei redelijk klein. Maar een paar centimeter boven mijn navel zit helaas een enorme joekel. Deze is ook nog eens verticaal gehecht, de andere zijn horizontale streepjes. Het is een soort kerstboompje. Ik vermoed dat dit een vreselijk lelijk litteken gaat worden dat boven al mijn slipjes en bikinibroekjes zal uitsteken.

Maar zover zijn we nog niet. Het zijn nu nog hechtingen die als hard visdraad uit me steken. De draadjes horen wit te zijn, maar zijn donkerrood gekleurd van het bloed. Ze vallen er vanzelf af, hebben ze me verzekerd. Niet aan pielen. Ik moet streng zijn voor mezelf want alle korstjes die ik vroeger van m'n knieën pulkte hebben geen fraaie huid achtergelaten.

Heel voorzichtig zeep ik mijn buik in en spoel ik af. Ze zijn gevoelig, de hechtingen, maar veel minder pijnlijk dan ik dacht. Hoe het er van binnen uitziet, kan ik niet zien. Jammer.

'Douchen ging mega-goed en ik ben zelf naar het restaurant gelopen voor chocolademelk!' app ik Bart triomfantelijk.

Het interesseert me geen bal dat deze van poeder en water is gemaakt, het smaakt beter dan het eerste terraswijntje op de eerste zomerse dag van het jaar. Dit is mijn chocolademelk. Ik heb hem zelf gehaald. Mijn benen werken nog.

'Zo trots op je, schatje.'

Het is pas tien uur 's ochtends, zie ik. Het voelt alsof ik er al een hele dag op heb zitten.

'Ik ook best wel op mezelf,' stuur ik Bart terug.

Anneke is, zoals verwacht, beretrots op me. Ook een tikje bezorgd, maar dat had ik al wel aan zien komen. De mensen om me heen lijken altijd op mijn rem te moeten trappen, zelfs nu. Zeker nu.

'Ik heb goede hoop dat je vanmiddag naar huis kan. Laten we het na de lunch weer even evalueren. Kun je alvast iemand laten weten dat de mogelijkheid erin zit dat je opgehaald wordt, rond een uur of drie, vier bijvoorbeeld? Je kunt ze altijd nog afbellen als het niet blijkt te gaan.'

'Dat lijkt me een bijzonder goed plan.' Ik durf haar niet te vertellen dat ik mijn vader allang heb geappt.

'Ook lijkt het me handig als je de komende week in ieder geval ergens bent waar iemand voor je kan zorgen. Je in en uit bed tilt, voor je kookt, af en toe een rondje met je buiten loopt. Het is belangrijk om in beweging te blijven, een beetje dan tenminste, tegen eventuele trombose.'

Papa heeft al aangeboden om me mee te nemen naar Brabant. Hoe lief dat ook is, ik blijf liever in Amsterdam. Mijn eigen omgeving en dicht bij het ziekenhuis, mocht er wat misgaan. Maar vooral: dicht bij Bart. Als Anneke de deur van mijn kamer achter zich dichttrekt, app ik hem meteen:

'Hé babe. Als het zo goed blijft gaan, mag ik dan straks naar jouw huis toe komen en daar de komende dagen blijven?'

31

Ik ben thuis. Nou ja, in Barts huis. Ik lig in een zee van dekens, rozig te zijn van de warme thee en oxycodon. *I did it*, ik heb het record verbroken: op dinsdagochtend geopereerd en op vrijdagavond thuis.

Inmiddels heb ik mijn pijnstiller gegoogeld. Het is een soort broertje van morfine en wordt alleen voorgeschreven bij hevige pijn of zelfs in de palliatieve zorg, lees ik. Helaas lees ik ook dat het zeer verslavend kan werken, in Amerika wordt het zelfs als recreatieve drug verhandeld.

Kortom, heftig spul en ik krijg er veel van: twee capsules die ongeveer twaalf uur werken en vier kortwerkende waarvan het effect zo'n vier tot zes uur aanhoudt. Het zorgt ervoor dat ik eigenlijk geen centje pijn heb en alles nogal zonnig inzie.

De bijwerking is dat ik er goed stoned van ben. Wel een prettig soort stoned. Ik voel me op een heldere manier toch lekker wazig. Niet zoals bij een jointje, zonder enige focus en de behoefte om alleen maar te gaan slapen. Maar het is oppassen geblazen met die pillen, lees ik. Ik moet er zeker niet té afhankelijk van worden.

De eerste nacht moet ik meerdere keren uit bed, om te plassen en nieuwe pijnstillers in te nemen. Ik dacht dat me dat wel alleen zou lukken: Barts bed heeft een lage instap en het toilet is niet al te ver weg.

Helaas is dat iets te optimistisch gedacht. Nu er geen beugel is om me aan op te trekken krijg ik de zwaai over de rand maar niet gemaakt. Het voelt gênant om Bart wakker te maken om me als een invalide uit bed te takelen, maar er zit niets anders op. Slaapdronken helpt hij me uit bed, de slaapkamer uit, de woonkamer door naar de wc. Gelukkig kan ik mezelf afvegen, al moet hij wel op de gang wachten totdat ik doorgetrokken heb, om me vervolgens weer onder de lakens te krijgen.

Het verbaast me sowieso hoe belachelijk vaak ik moet plassen. Het doet pijn en de helft van de keren dat ik aandrang voel, blijkt er helemaal niets uit te komen. Gek is dat: ik had eerder verwacht te weinig aandrang te hebben en misschien incontinentieverband te moeten gebruiken. Ik had gelezen dat dat vaker voorkomt.

Met dank aan de pillen kom ik het weekend aardig door. Bart zorgt goed voor me en er komen een aantal mensen langs. Barts zus neemt broodjes mee voor de lunch, Liselotte kookt 's avonds pasta in Barts kleine keuken. Gedrieën eten we het op de bank op, aan tafel zitten gaat nog moeizaam. Mijn kruis is nog te gevoelig en de huid van mijn buik staat strak.

'Ik kan hier wel aan wennen,' zegt Bart tussen twee happen spaghetti carbonara door. Het gerecht van mijn culinaire vriendin valt zo te zien in de smaak, hij schept al voor de tweede keer op.

'Ik blijf niet ziek, hè. Op een gegeven moment zul je het weer zonder alle vrouwen om je heen moeten doen,' grap ik.

Als Liselotte na het toetje vertrekt en Bart de keuken opruimt, kijk ik de kamer rond. Het voelt hier écht als thuis, ook al zijn het niet mijn meubels en mis ik mijn eigen spulletjes. Dit huis straalt een ongekende warmte uit. De grote bank ligt bezaaid met kussens om me tussen te nestelen, de vloer is van geleefd hout, precies zoals ik het altijd al wilde voor mijn eigen huis. De grote ramen bieden zicht op een prachtig stukje stad, maar als ik de gordijnen dichttrek, voelt de ruimte meteen als een warme en veilige cocon. Warmte die ik zo lang niet gevoeld heb, zelfs niet in mijn eigen appartement.

Alsof hij mijn gedachten kan lezen, komt Bart zodra het laatste bord in de vaatwasser staat, naast me op de bank zitten.

'Mo, ik weet dat je hier bent om te herstellen, omdat ik er hier voor je kan zijn en voor je kan zorgen. Ik weet dat we pas net samen zijn. Maar ik vind het nu al zo gezellig met je, zelfs onder deze omstandigheden. Als je straks weer de oude bent… wil je dan niet gewoon hier blijven?'

Verbaasd kijk ik hem aan. Meent hij dit? Samenwonen, nu al? Maar mijn volgende gedachte is direct: fuck it, ik wil vorúít. Alles wat ik de laatste tijd rustig aan heb gedaan, omdat het moest, omdat dat goed was voor mijn herstel, wil ik nu compenseren. Sneller lopen, harder gaan, grotere risico's nemen. Ik wil het leven omarmen.

Ik wil niet meer wachten.

Ik wil alles, tegelijk en wel nu.

'Dat lijkt me heerlijk,' antwoord ik.

Op maandag gaat Bart weer naar kantoor. Ik heb hem verzekerd dat ik het thuis prima in m'n eentje red. Maar zodra hij de straat uit fietst, slaat de twijfel toe. De koelkast is vol, mijn telefoon is opgeladen, alles staat binnen handbereik en ik hoef in principe nergens heen. Toch vind ik het eng. Na een week in het ziekenhuis en het weekend daarna thuis te zijn gepamperd, sta ik er nu alleen voor.

Het is gek, ik mis niet alleen de hulp maar ik voel me ook een beetje eenzaam in dit nu stille huis. Blijkbaar ben ik eraan gewend geraakt om constant iemand aan mijn bed te hebben, ook al voelde dat soms nodeloos irritant. Hier is niemand die mijn bloeddruk checkt of mijn temperatuur opneemt. Ik mis zelfs de meneer van de pijn.

Is het gek om een paar keer per dag mijn pijncijfer voor mezelf op te schrijven? Of is dat juist wel verstandig? Het voelt een beetje treurig, maar toch doe ik het.

In korte tijd ben ik me gaan hechten aan de verpleging, en vooral aan Anneke. Al haar zorg en liefde, het voelde zo onvoorwaardelijk. Natuurlijk is het gewoon haar werk en wordt ze ervoor betaald. Maar toch.

Gelukkig hebben we vrijdag uitgebreid afscheid genomen. Ze was zichtbaar trots op me en dat deed me veel. Terwijl ik mijn tas inpakte en mijn vader een rolstoel haalde om me naar de parkeergarage te rijden, zag ik dat er een nieuwe bewoner de kamer werd binnengereden. Een vrouw op leeftijd met een grauw gezicht en dof haar. De eerste echte 'zieke' die ik deze week zag. Wisseling van de wacht. Deze mevrouw had Anneke harder nodig dan ik.

Qua praktische zaken valt het gemis wonderbaarlijk genoeg wel mee. Ik blijk echt steeds meer zelf te kunnen:

koffiezetten, douchen, naar de wc. Het gaat stroef, een comfortabele houding op de pot vinden is nog lastig, maar het lukt.

Nadat ik gedoucht en aangekleed ben, besluit ik eigenwijs een ommetje te maken. Bart woont godzijdank maar eenhoog, en in tegenstelling tot mijn Jordanese trappen is deze trap een stuk minder steil. Om de hoek zit een gezellig koffietentje. Dat wordt mijn doel, net als een paar maanden geleden. Een koffie halen en weer terug.

Bizar genoeg gaat het me dit keer aanzienlijk beter af dan destijds. Misschien komt het door al die oxy's of omdat het nu vooral een buikoperatie was. Bukken en zitten is pijnlijk en lopen gaat traag. Maar ik loop! Wat een feest!

Weer thuis is de sterke espresso zelfs nog warm. Ik giet 'm snel achterover, want mijn darmen moeten nu eindelijk écht op gang gaan komen. De laatste keer was afgelopen donderdag en mijn buik staat inmiddels op knappen. Straks springen die hechtingen er nog uit. Sowieso vind ik het *nasty fuckers*: de hechtdraad is zodanig puntig dat de uiteindjes door mijn dunne trui heen prikken. Het kost me moeite om er niet aan te peuteren. De gedachte om ooit weer zonder schaamte in een bikini te kunnen helpt me om mezelf te beheersen. Laat ik de littekens niet nog lelijker maken dan ze van zichzelf al zullen zijn.

Naast zes keer per dag pillen slikken, plak ik ook nog steeds braaf nicotinepleisters. Nog altijd mis ik de handeling van een sigaret opsteken. De eerste van de ochtend: o, wat kan dat toch een traktatie zijn. Maar ik houd vol. Ik ben ook trots dat mijn wandelavontuur geslaagd is. Pas als ik weer veilig en wel op de bank zit, laptop op het tafeltje voor me en een glas water bij de hand, durf ik het naar Bart te appen.

Als ik hem eerder over mijn plan had verteld, had hij me vast streng toegesproken. Nu kan ik hem tenminste een succesverhaal sturen.

'Wat een leuke zaak is die koffietent hier om de hoek. Ze hebben ook gigantische kaascroissants die er echt hemels uit zien. Heb nu alleen koffie gehaald, maar morgen ga ik op missie voor een van die croissants.'

'Trots op je, schatje. En nu weer braaf naar bed hoor!' Lachend klap ik mijn laptop op schoot open. Naar bed? Werken! Ik heb al een hele week gemist, de mailbox stroomt over. Er is geen tijd om rustig aan te doen.

Maar als ik de volgende ochtend wakker word, merk ik dat ik gisteren wellicht toch íéts te hard van stapel ben gelopen. Mijn liezen branden en mijn bovenbenen zijn zo dik dat het lijkt alsof er lucht in is gepompt. Vooral rechts. Bij mijn knie stopt het, die is weer normaal en mijn onderbeen is gewoon slank. Maar mijn bovenbenen zijn opeens van maat 36 naar 40 gegaan.

Ik besluit de doktersassistent om raad te vragen. Ik mag haar elke ochtend in een bepaald tijdvak bellen en als ze niet opneemt, kan ik mailen, dan word ik de volgende dag teruggebeld. Fantastische service. Gelukkig krijg ik haar meteen aan de lijn.

'Het is beginnend lymfoedeem', weet ik daarna aan mijn vader te melden, die gezellig langskomt. Hij ziet Barts huis vandaag voor het eerst. 'Dat schijnt vaak voor te komen; vochtophopingen in de bovenbenen omdat ze heel veel lymfeklieren hebben weggehaald. Strakke boxershorts of leggings dragen en genoeg rusten is het advies. En als het aanhoudt verwijzen ze me door naar een specialist.'

‘Wat vervelend voor je. En je zei eerder aan de telefoon ook iets over een doof gevoel in je benen?’

‘Ja, dat is wel vreemd,’ vervolg ik. ‘Dat had ik vorige week in het ziekenhuis al, maar ik dacht dat het misschien kwam doordat ik zoveel in bed lag. En omdat ik die rare steunkousen had. Maar nu heb ik het nog steeds. De hele binnenkant van mijn dijen voelt... ja, hoe zeg ik dit goed... verdoofd. Alsof het niet mijn benen zijn. Tegelijkertijd jeukt het vreselijk. Alsof je onder gips wil krabben, maar er niet bij kan.’

‘Raar hoor,’ zegt mijn vader. ‘Zei de assistent daar ook nog iets over?’

‘Ja, ook dat schijnt erbij te horen. Het zijn zenuwen die zijn aangetast, dit gevoel kan jaren aanhouden, zei ze. Maar daar gaan we maar niet van uit.’

‘Nee, daar gaan we maar niet van uit.’

Als Bart ’s avonds thuiskomt, besef ik wat een feestje ik het vind om hem steeds weer te zien. Ik heb eerder samengewoond met mijn ex, toen vond ik het ook altijd heerlijk om ’s avonds het huis weer te delen.

‘Wat vond je vader van ons huisje?’

Ik moet nog even wennen aan de term ‘ons’. Maar het voelt goed.

‘Hij vond het helemaal leuk! Ik vind het ook zo fijn om hier mensen te ontvangen. Op de Lindengracht had ik amper plek, niet eens een bank. Daar zaten we altijd aan tafel. Hier kan ik gewoon met gasten op de bank zitten!’

Bart glundert.

‘Straks met al jouw mooie spulletjes erbij wordt het helemaal een paleisje. Maar daar maken we nog wel een plan voor.’

‘Het is wel een onhandig moment om te verhuizen,’ denk ik hardop, ‘ik kan niet eens helpen met tillen, laat staan met heen en weer sjouwen.’

‘Komt wel goed. Mijn ouders kunnen helpen, jouw vader vast ook. Veel belangrijker: wat ga je met jouw huis doen? Verkopen of aanhouden?’

Het is niet eens in me opgekomen om het appartement in de Jordaan aan te houden, in mijn hoofd is het al verkocht. Absurd. Ik twijfel altijd overal over, maar hierover geen moment.

Woensdag. Een spannende dag. Rond lunchtijd word ik gebeld door dokter L: de uitslag van het lab is binnen. Ofwel, vandaag ga ik horen of ik kankervrij ben. Het vreemde is dat ik niet eens zenuwachtig ben; voor mijn gevoel is alles al achter de rug. De tumor is eruit. Ik heb niet eens meer nagedacht over een eventuele bestraling, laat staan andere ingrepen.

Het is goed zo. Ik voel het, ik weet het zeker.

De dokter bevestigt mijn intuïtie.

‘De tumor is ruimschoots weggenomen. Alle snijranden zijn schoon. Gefeliciteerd, Monique.’

Ik loop heen en weer door het huis, mijn telefoon op luidspreker, en ik probeer een emotie te bedenken bij de woorden die ze me geeft. Het is gek: ik weet niet wat te voelen. Blijdschap, uiteraard. Maar de grote jippie-hoera-holladiejee blijft uit.

Ik weet eigenlijk vooral niet zo goed hoe te reageren op het ‘gefeliciteerd’.

‘Dat is goed nieuws,’ antwoord ik maar. ‘Ben ik dan nu kankervrij?’

'Ja, zo zou je het wel kunnen noemen. Laat ik het zo zeggen: er is geen nabehandeling nodig. Je krijgt uiteraard nog veel check-ups de komende jaren, maar geen bestraling of chemotherapie. Ik ben heel blij voor je dat alles weg is. Tot over een maand bij de eerste controle-afspraak!'

Pas nadat ik papa en Bart heb gebeld en een hele rits andere mensen berichtjes stuur, daalt het nieuws in en komen de tranen. Pas nu ik de emoties van anderen heb gehoord, kan ik ze een soort van spiegelen en zelf toelaten.

Ik ben kankervrij. Baarmoederloos, dat ook, maar vooral: kankervrij. Vanaf nu wordt vast alles beter.

32

Ik heb er een tweede vriendje bij: Bert. Hij is 1 meter 50 lang en heerlijk om mee te slapen. Saillant detail is dat Bart hem er zelf bij heeft gehaald in bed.

Alle gekheid op een stokje: Bert het voedingskussen is mijn redding. Net als bij zwangere vrouwen liggen de meeste posities in bed niet erg prettig; en het was Barts eigen idee om naar de HEMA te lopen voor deze zachte slungel. Inmiddels kan ik er zalig mee op mijn zij slapen, mijn benen eromheen gevouwen en mijn pijnlijke buik in het holletje. Bart zelf ligt er helaas wel een beetje sneu naast, maar hij gunt het me, zegt-ie.

Langzaamaan gaat alles lichamelijk ietsje makkelijker. De bloedingen waar ze me voor gewaarschuwd hebben, blijven gelukkig uit. Ik ben totaal maandverbandloos en heb zelfs alle laatste doosjes tampons en inlegkruisjes die ik nog in de badkamer had liggen ritueel verbrand. Nou ja, niet echt natuurlijk, ik heb ze aan Anne gegeven. Zij blij, ik blij.

De lymfoedeem in mijn benen houdt helaas aan, evenals de zenuwpijn. Ik blijf horen dat ik geduld moet hebben, een vaardigheid die ik ondanks alle levenslessen van dit jaar nog steeds niet onder de knie heb.

Elke dag wandel ik naar de koffiezaak, inmiddels ben ik al twee kilo aangekomen van alle koffie verkeerds en kaascroissants die me daar elke ochtend vragend aanstaren. Helaas heb ik ook een andere slechte gewoonte weer opgepakt: roken.

Na een dikke week niet naar het toilet gekund te hebben was ik ten einde raad. Niets hielp. Sterke koffie niet en zelfs de laxeermiddelen die ik van de apotheek had gekregen, boden geen soelaas. Er zat maar één ding op: een peuk. Of drie. Onnodig te zeggen dat het me ook wel een beetje om de handeling en de nicotine zelf te doen was. God, wat miste ik het. Maar ik miste voornamelijk het naar de wc kunnen.

Na een kwart pakje weggepaft te hebben en een flinke slok ristretto erachteraan, was het zover.

Wat een opluchting.

Jammer genoeg vond ik dat daarna het pakje sigaretten leeg moest. En rook ik nu dus weer. Hopelijk komt er binnenkort een beter moment om te kunnen – en vooral te willen – stoppen. Het zit er blijkbaar nu nog niet in.

Een paar dagen later zit ik sinds lange tijd weer bij de kapper. Als ze langzaam mijn donkere haren door borstelt om er vervolgens verf in te smeren – ik word al sinds mijn tienerjaren langzaamaan grijs en inmiddels is het bijna fifty-fifty zwart en wit – zie ik haar schrikken. En direct daarna proberen haar schrik te verbergen.

'Monique, wist je dat je een kaal plekje achter op je hoofd hebt? Het is... best wel groot.'

Ik schrik me te pletter. Kaal?! Ik heb niet eens chemo gehad. Wat is dit?

Samen inspecteren we het plekje met een handspiegel en de grote spiegel. Het is zeker twee bij twee centimeter, een soort grote munt. Precies op mijn kruin. Haarloos. Nee, dat zeg ik fout: ik voel stoppeltjes. Het was dus echt kaal, maar het is blijkbaar alweer aan het aangroeien.

Ik zwijg. Ik ga verdorie niet bij de kapper huilen, die waterlanders bewaar ik wel voor thuis. Mijn kapster gaat verder met de haarverf en ik pak een damesblad. De tekst komt niet binnen, ik zou het magazine net zo goed ondersteboven kunnen houden. Ik laat mijn thee koud worden en zodra ze klaar is, weet ik niet hoe snel ik weg moet komen.

Eenmaal thuis zijn de tranen niet meer tegen te houden. Hard snikkend sta ik zeker een uur lang voor de spiegel.

Ik wil geen kale plek.

Mijn haar is mijn alles. Mijn haar is blijven zitten tijdens deze kutperiode. Mijn lichaam is al genoeg toegetakeld, niet nu ook nog mijn haar! Het feit dat ik er niets aan kan doen, vind ik nog erger dan dat er een plekje zit. Dat plekje los ik wel op. Dan maar mijn haar in een staartje de komende maanden, dat maakt me niets uit. Maar dat ik niet weet hoe ik aan dit plekje kom en dat mijn lichaam nog steeds met me solt – dat kan ik niet aan. Ik wil de controle terug. Alles moet achter de rug zijn. Er mag niet nog meer bij komen.

Het is absurd dat die kale plek zoveel bij me losmaakt. Het is niets en het is alles tegelijk.

Opeens komt alles los. Ik breek. Volledig.

Zodra hij thuiskomt probeert Bart me te troosten. Hij doet zijn best, troost zo goed als hij kan, maar misschien begrijpt een man het gewoon niet zo goed: hoe belangrijk haar is voor een vrouw. Het is niet eens echt het verlies van mijn haar. Ik huil vooral om het verlies van controle, van mijn baarmoeder, van de vanzelfsprekendheid. Het verlies van een zorgeloze tijd waarin mijn lichaam vanzelfsprekend was, omdat alles het gewoon deed.

Dat Bart me niet kan troosten is niet erg, maar mijn verdriet groeit. Ineengedoken lig ik onder de dekens terwijl ik zachtjes over mijn lange haren streel. Alsof ik tegen ieder haartje wil zeggen: blijven jullie alsjeblieft maar gewoon zitten.

Vurig wens ik dat het leven altijd maar zorgeloos had kunnen blijven. Dat alles maar weer luchtig kon zijn. Maar die tijd is voorgoed voorbij, het zal nooit meer zorgeloos zijn. Ik word een hypochonder, de kanker heeft me zo gemaakt. Ik geloof niet dat er nog een weg terug is naar de Monique van een jaar geleden en ik weet niet of dat goed of slecht is.

De volgende dag mail ik de doktersassistent. Ik mocht alles vragen, zei ze, en dit lijkt me toch wel een goede. Ik wil er een plaatje van de plek aan toevoegen als bijlage, Bart moet me helpen om het goed te fotograferen. Weer komen de tranen. Wat zitten we hier nou in godsnaam te doen? Mijn haarloze kruin bij te schijnen met een zaklamp om er vervolgens een foto van te maken? We zouden moeten liggen neuken, lachen om een slechte film, spaghetti vongole eten.

Ik schaam me voor Bart. Hij zegt dat het niet hoeft maar ik doe het toch.

De schaamte schemert ook door in mijn e-mail.

'Zie de bijlage voor een foto,' stuur ik. 'Sorry hoor, als dit raar is, maar ik maak me opeens zo'n zorgen… Hoor je dit heel misschien vaker van vrouwen die deze operatie hebben gehad?'

Zelfs tegen de assistent durf ik niet stoer te zijn. Ook zij krijgt mijn overbodige excuses. Het slaat nergens op.

'Wat vervelend zeg, om dit te horen,' antwoordt ze een dag later. 'Om eerlijk te zijn, zien we dit niet vaker bij mensen zoals jij. Het kan sowieso niet gebeurd zijn tijdens de operatie. Maar er zijn verschillende andere factoren die dit kunnen veroorzaken, waaronder stress of een vitaminetekort. Mogelijk kan de huisarts dit verder onderzoeken. Ik hoop dat je hiermee geholpen bent, anders hoor ik het graag van je.'

Ik wil niet naar de huisarts. Ik hoef geen haargroeimiddel of medicijn tegen stress of wat ze me dan ook zouden aanraden. Ik wil gewoon dat alles weer normaal wordt.

Bart heeft al tijden een concert gepland staan, vanavond, samen met zijn zus. Ik weet dat ze ernaar uitkijken en ik gun hem een potje lol, zeker na de afgelopen weken.

'Weet je zeker dat ik je alleen kan laten?' zegt hij.

Ik knik. Dit is niet het moment om mijn twijfel te laten zien, ik wil dat hij koste wat kost gaat.

Ik gebruik nog steeds oxycodon en die maakt me sloom en suffig. Misschien heb ik er eentje te veel genomen vanmiddag. Misschien per ongeluk, misschien expres. Het is tenslotte een kutweek, houd ik mezelf voor. En het is ook pas een paar weken geleden dat ik ben geopereerd.

Echt lekker voel ik me niet, maar het laatste wat ik wil is Bart nu lastigvallen. Met een kolkend hoofd en een warm lijf kruip ik vroeg onder de wol, maar na een paar uur schrik ik wakker door een golf van misselijkheid. Voor ik echt besef wat er aan de hand is, heb ik het hele bed al ondergespuugd.

De plek naast me is leeg. Bart is nog in de stad.

Ik heb me in tijden niet zo alleen gevoeld, mijn tranen vermengen zich met de rest van de zooi op de lakens. Mijn handen zijn te moe om alles op te ruimen, ik kan mezelf niet eens uit bed hijsen voor een glas water. Ik moet die dosis niet nog eens overschrijden.

Met een hoge paardenstaart op mijn hoofd begin ik 31 oktober.

Mijn verjaardag.

Vastgeplakt met haarspray wordt het naakte plekje net genoeg gemaskeerd. In mijn gedachten ligt echter alles open. Ik wil alleen maar huilen, in bed liggen, slapen. Maar je wordt tenslotte maar één keertje negentwintig, dus er zal feest gevierd moeten worden.

Met Anne ga ik lunchen bij De Ebeling op de Overtoom. Een restaurant waar men in het weekend met de benen buiten hangt, maar op deze dinsdag is het rustig en bezetten we als een van de weinigen een tafel in de grote zaak. Het broodje valt tegen en ik als gezelschap ook. Ik doe mijn best om het gezellig te maken, maar ik ben een wrak en daar valt niets aan te maskeren.

Mijn lichaam is schoon, ik heb geen kanker meer, maar voel me eenzamer dan ooit. Anne ziet dat het niet gaat. Ze zegt dat het niet geeft dat ik nog niet de oude ben. Daarna fietst ze met me mee naar huis en omhelst me bij de voordeur.

'Het komt wel goed, lief. Geef het wat tijd.'

Thuis beantwoord ik wat felicitaties op mijn telefoon en val dan in een diepe droomloze slaap op de bank.

De pijnstillers die ik nog moet nemen, houden geen rekening met speciale dagen. Ik besluit er eentje extra te pakken. Ik weet dat het niet mag, ik weet dat het laatst helemaal misging, maar ik wil mijn gevoel doven, even niet zoveel voelen. Dat vind ik meteen weer stom – ik wil niet iemand zijn die telkens een pilletje nodig heeft. En nu doe ik het toch. Ik voel me een zwakkeling en ik weet niet of ik wel een zwakkeling mag zijn.

Ik weet niet waar dat gevoel toch steeds vandaan komt, dat ik blijkbaar vind dat ik altijd 'in control' moet zijn. Waarom mag ik niet rustig herstellen van mezelf? Blijkbaar heb ik mezelf aangeleerd dat zwakke mensen niets bereiken. Het is treurig, maar het heeft wel altijd voor me gewerkt. Als ik me groot hield, zonder te klagen, kwam ik verder. Maar ik ben er te ver in doorgeslagen, voel ik nu. Ik weet alleen niet of het me lukt om die ingesleten overtuiging er weer uit te krijgen, al wil ik het nog zo graag.

Bart plukt me uit de kussens als hij 's avonds thuiskomt. We hebben gereserveerd bij het restaurant waar hij me eerder verkering vroeg. Ik keek echt uit naar de wijn, de steak tartare en onze herinneringen daar, maar nu ben ik bang dat ik de mensenmassa niet aankan. Alleen al tegen de tocht erheen zie ik torenhoog op.

We bellen de reservering af.

'Het is niet erg,' fluistert Bart lief. 'Er komen nog genoeg avonden. En genoeg verjaardagen.'

Het lukt me niet om lief terug te doen. Ik ben boos op mezelf en op de wereld en op de een of andere manier vooral op dat fucking verdwenen plukje haar. Uit pure recalcitrantie schenk ik een tumbler whiskey voor mezelf in, sla het glas in één ruk achterover en zeg: 'Ik ben jarig. We gaan het vieren. Dan maar bij het restaurant hier om de hoek, dan ben ik zo weer thuis als het niet gaat. Ik ben kankervrij, dat moet godverdomme gevierd worden.'

Door de mix van emoties, de oxy's en heel veel alcohol word ik daar straalbezopen. Bart weet niet wat hem overkomt, hij moet me zwalkend mee naar huis nemen.

Ik wil alleen maar roken en drinken en boos zijn.

Alles is beter dan dat andere gevoel.

33

Ik trek de voordeur net iets te hard achter me dicht. De dag begon niet goed. Opstaan lukte me nauwelijks, zo moe was ik. Mijn koffie was al koud voordat ik mijn eerste slokje nam en ik had geen tijd om een tweede te maken. Het regent al dagen aan één stuk en ik weet nu al dat ik, ondanks mijn nieuwe regenjas, toch met doorweekte broek op mijn werk zal verschijnen. Waarom voelt mijn hele leven als een groot gevecht?

Met natte, verkleumde handen sta ik mijn fietsslot open te wrikken. Ik moet die meeting halen, verdomme! Door weer knetterhard aan het werk te gaan en gigantische to-dolijsten op te stellen probeer ik mijn gevoel zo veel mogelijk uit te schakelen. Alles moet doorgestreept worden. Ik ben kankervrij, maar banger dan ooit. Die kale plek op mijn hoofd heeft van alles losgemaakt. Telkens tasten mijn vingers weer mijn hoofdhuid af terwijl ik eraan herinnerd wordt wat er allemaal mis was. Of is. Of gaat zijn. Daar kan geen haarspray tegenop.

Eindelijk springt het slot open en ik stap op de fiets. Ik moet stevig doorfietsen maar in mijn hoofd zeurt, ergens diep achterin, nog een taak die ik mezelf een tijd geleden heb opgelegd. Misschien kwam het door het verjaardagsberichtje dat ik van haar ontving. Mama stuurt me nog elk jaar een berichtje en elk jaar weet ik niet goed wat te antwoorden. Dit jaar al helemaal niet. En nu krijg ik het niet meer uit mijn hoofd: ik moet mijn moeder inlichten over wat er is gebeurd.

Dat heb ik mezelf beloofd, en in gedachten haar dus ook. Belofte maakt schuld. Ik kan niet door als ik dit niet afvink. Ik haat onafgedane zaken.

En ergens denk ik: ik voel me nu toch al kut. Dit kan er ook nog wel bij. *When it rains, it pours.*

Op kantoor zou er door de drukte eigenlijk geen tijd moeten zijn om te piekeren. Ik zit vol in de kerstcampagnes en mijn website krijgt een Belgische versie, dus ik mail dagelijks met de nieuwe Vlaamse delegatie die Culy.be aan het optuigen is. Spannend, en ook prettig om mijn zinnen te verzetten. Ondertussen heb ik ook veel contact met een makelaar die mijn appartementje aan het verkopen is.

Toch tob ik dagenlang over hoe ik mijn moeder het beste kan benaderen. Alle opties worden afgewogen. Alle argumenten schrijf ik op, de voors, de tegens. Als ik haar bel zal ze zich wezenloos schrikken. Dan weet ik niet meer wat te zeggen en komt het verhaal er vast slecht uit. Ondanks alles wat er in het verleden is gebeurd, wil ik haar het nieuws zo goed mogelijk brengen.

Maar ik wil ook mezelf beschermen.

Een brief dan? Een ouderwetse handgeschreven brief, dat is welgemanierd, toch? Maar ergens ook onpersoonlijk. Ik ken mezelf, dan zal ik me altijd blijven afvragen of ze überhaupt de envelop ontvangen heeft.

Hoe vertel je je moeder, die je al ruim vijf jaar niet meer hebt gezien, dat je kanker had? Heeft iemand hier een handleiding voor?

Na lang wikken en wegen besluit ik haar te mailen. Onpersoonlijker dan een belletje, maar wel handiger voor beide partijen, en praktischer dan een brief. Na vijf uur staat er uiteindelijk wat op papier. Nog nooit deed ik zo lang over een tekst.

'Hoi mama,

Allereerst wil ik je bedanken voor je lieve verjaardagswensen. 29 jaar alweer, wat vliegt de tijd toch. Ik heb lang getwijfeld of en hoe ik je dit moest sturen, omdat we al zo lang (op mijn verzoek natuurlijk) geen contact hebben, maar omdat je mijn moeder bent, vind ik toch dat je het moet weten. Ik wil je namelijk vertellen dat ik de afgelopen maanden ziek ben geweest, maar dat ik inmiddels weer beter ben. Daarom stuur ik je nu ook deze mail. Deze zomer werd er baarmoederhalskanker bij me geconstateerd. Ik had veel onregelmatige bloedingen, maar verder geen symptomen en ik voelde me niet ziek. De huisarts stuurde me toch maar door naar de gynaecoloog en daar werd een kleine tumor ontdekt. Hoe deze is ontstaan en hoelang deze er al zat, weten ze niet. Ze weten wel dat het niet erfelijk is, maar dat het is veroorzaakt door het HPV-virus. Ook al was het maar een klein stukje (van nog geen twee centimeter), de artsen wilden toch de volledige baarmoederhals én baarmoeder verwijderen. Een

standaard procedure om "het zekere voor het onzekere te nemen", want zo'n tumor kan snel uitzaaien. Het was een heftige ingreep, maar ik wist meteen dat het noodzakelijk was en dus had ik er redelijk snel vrede mee.
Drie weken geleden is de operatie uitgevoerd in het Antoni van Leeuwenhoek-ziekenhuis. Omdat ze het met behulp van een robot hebben uitgevoerd, is de herstelperiode relatief kort en zijn er later maar een paar kleine littekens op mijn buik te zien.
De operatie verliep goed, na een paar dagen in het ziekenhuis mocht ik naar huis en inmiddels herstel ik goed. Eigenlijk kan ik bijna alles weer en pak ik mijn leven weer op. Ik heb veel hulp en steun van mijn vriend en een groepje mensen om me heen. Zij vangen me goed op. Ook heb ik officieel van de artsen gehoord dat de tumor volledig weg is, er is geen nabehandeling nodig. Dat is dus goed nieuws. Geen baarmoeder meer betekent dat ik zelf nooit zwanger kan worden, maar gelukkig heb ik (nog steeds) geen kinderwens. Wel zijn mijn eierstokken en eileiders intact gebleven, dus ik maak eitjes aan en ben niet in de overgang gekomen.
Ik kan me voorstellen dat je enorm schrikt van deze mail. We hebben natuurlijk al zo lang geen contact en dat wil ik ook zo houden, hoe pijnlijk ik dat ook voor jou vind. Maar ik wilde wel dat je dit verhaal weet, want ik vind dat je daar recht op hebt.
Misschien vraag je je af waarom ik je dit nu (pas) stuur. Het antwoord daarop is: ik wilde zelf graag wachten totdat alles achter de rug was en ik je ook

goed nieuws kon vertellen. De kanker is helemaal weg en je hoeft je geen zorgen te maken. Als ik je eerder in het proces wat had verteld, had je (net als ik) in onzekerheid en spanning gezeten, en dat wilde ik je niet aandoen.
Het was al moeilijk genoeg om er zelf mee te dealen, en ik kon er geen extra stress bij hebben. Marcella wist het wel. Weet dat ik haar nadrukkelijk heb gevraagd dit stil te houden. Ik zou het fijn vinden als je niet boos wordt op haar, omdat zij het je niet heeft verteld. Het is "mijn schuld" dat je van niets wist.
Ik kan me voorstellen dat je allerlei vragen hebt, en ik wil je ook graag de gelegenheid geven om die naar me te mailen. Daar zal ik dan ook op antwoorden.
Het spijt me dat ik nog steeds bij mijn beslissing blijf om verder geen contact te hebben, maar dat is waar ik nog steeds achter sta.

Ik wens je alle goeds en veel liefs,
Monique.'

Na twee dagen krijg ik een reactie.

Haar vragen staan erin. In groten getale zelfs. Maar geen enkele vraag informeert naar mijn welzijn of beleving van de ziekte die ik met me heb meegedragen. Ze gaan allemaal over haar en haar verdriet. Louter impliciete verwijten en vragen over het verleden.

Het is een mokerslag. Elk woord steekt als een dolk diep in mijn hart. Ik huil de hele dag, vanaf het moment dat ik de mail open tot diep in de nacht. En de dag daarna. En de dag daarna.

Ik troost mezelf met de gedachte dat ze het vast naar haar beste kunnen heeft geschreven. Dat ze het goed bedoelde. Dat het meer zegt over haar eigen pijn. Pijn die ik niet kan of wil oplossen.

'Gelukkig heeft deze hele vervelende situatie een goede afloop,' is een van haar weinige zinnen die wel over mij gaat.

Terwijl ik over de stoppels achter op mijn hoofd aai, besef ik dat ik nog helemaal niet weet wat de afloop is. Nog geen goede, in ieder geval. Ik zit er nog middenin.

34

Ruim anderhalve maand na de operatie heb ik mijn eerste check-up bij Dokter L. Wat ik me daar precies bij voor moet stellen, weet ik niet zo goed. Een gesprek natuurlijk, een inwendig onderzoekje, kijken hoe het met de hechtingen van binnen en buiten gaat. Gaan ze ook bloed prikken? Een echo maken? Als er een scan op het programma had gestaan, had ik dat wel gehoord. Zouden ze kunnen zien of alles écht weg is, of moet ik daarop vertrouwen omdat de uitslag van het lab goed was? Ik ben dan wel kankervrij, maar een extra bevestiging kan natuurlijk nooit kwaad.

Iedereen om me heen vraagt ook om die extra bevestiging. Blijkbaar is enkel de lab-uitslag niet overtuigend genoeg voor vrienden en familie. Ik neem het ze niet kwalijk.

Weken geleden heb ik mezelf als doel gesteld om zelf, in mijn eentje, op de fiets naar het ziekenhuis te gaan. Dat is niet alleen een lichamelijk maar vooral ook mentaal streven. Al na vier weken na de operatie heb ik de fiets weer gepakt, al was het voor een kort stukje. Het lukte, het ging zelfs nog veel beter dan destijds na de conisatie.

Ik haat het als mensen stellen dat je kanker 'overwint', want de meeste mensen kunnen er niets aan doen als ze niet 'winnen'. Je bent aan de medici en het toeval overgeleverd. Het woord 'strijd' in combinatie met kanker vind ik net zo vreselijk. Wel vind ik dat ik het aan mezelf verplicht ben om tot het uiterste te gaan om te herstellen. Ik voerde geen strijd met de kanker, maar wel met mezelf. Ik wil zo gezond mogelijk blijven, niet lui zijn. Zo snel mogelijk proberen te fietsen hoorde daarbij.

Korte ritjes naar mijn werk maakte ik al, maar de twintig minuten naar het ziekenhuis is mijn eerste lange rit. Toch voel ik me vandaag dapper genoeg om de tocht naar het Antoni te maken. Als ik doortrap ben ik er in een dik kwartier. Toch wil ik niet te overmoedig zijn en te hard van stapel lopen, zeker niet als ik straks alsnog een onverwachte behandeling krijg en dan met een pijnlijk lichaam thuis moet zien te komen op mijn fiets.

Ook denk ik terug aan het advies van de verpleegster uit het OLVG, dit voorjaar. 'Wat je heen loopt, moet je ook weer terug.'

Opeens zie ik de diepere betekenis van haar woorden. Het pad dat ik heb bewandeld het afgelopen jaar, de dingen die ik heb meegemaakt, die zal ik moeten verwerken. Dat kost tijd. Verwerking, wat een kut-concept. Maar ook ik kan hier blijkbaar niet onderuit.

Het is een mooie novemberdag, bewolkt maar droog als ik op de fiets stap naar het Antoni. Misschien waren mijn leren jack en een sjaal iets te optimistisch, had ik beter een dikkere jas kunnen aantrekken, maar door het trappen krijg ik het verrassend warm.

God, wat heb ik fietsen gemist. Eerst door het Vondelpark, een van mijn favoriete gedeeltes in Amsterdam. Dan een stukje Amstelveenseweg met zijn gezellige restaurantjes, door naar de zonnige brede Schinkelkade en via het Hoofddorpplein de grote weg naar het ziekenhuis af. De stad is van mij. Ik doe het rustig aan en voel me goed. Geniet van de wind door mijn haren, de kracht die ik voel terugkomen in mijn lijf. Ik ben gezond, dat gaan ze me straks ook vertellen.

Mijn stopwatch geeft zesentwintig minuten aan zodra ik mijn fiets in het rek parkeer. Niet verkeerd.

Ik meld me op Poli 2c. Dit wordt mijn vaste honk de komende jaren, elk kwartaal opnieuw. Het voelt gek om hier terug te zijn, maar tegelijkertijd ook veilig.

Dokter L komt me persoonlijk ophalen. Ze neemt me mee naar haar eigen kamer, vlakbij. Al was het honderd meter, lopen gaat sowieso top. Hopelijk is ze net zo in haar sas met mijn lijf als ik dat ben.

'Welkom, Monique. Wat fijn je te zien,' zegt ze. 'Ik zal een beetje proberen te schetsen hoe deze en de volgende controleafspraken eruit zullen zien. We beginnen altijd met een gesprekje, je kunt zoveel vragen stellen als je wilt. Daarna zal ik je even inwendig controleren, dat doe ik met het speculum, zo voorzichtig mogelijk. Als je verder geen klachten hebt, blijft het daarbij.'

'Dus geen bloed prikken? Of scans?'

'Nee, aangezien de tumor zo ruim is weggenomen, zijn we er zeker van dat er geen kanker meer zit. Zolang je geen andere klachten hebt, zoals bloedverlies of koorts of hevige pijnen, zijn extra onderzoeken dus niet nodig. Mocht je wel ooit problemen krijgen, laat het ons dan altijd direct weten. Dan kijken we gelijk verder.'

Dat klinkt geruststellend. Eigenlijk ook wel fijn dat deze controles zo makkelijk zijn. Waarschijnlijk is het in een half uurtje gepiept.

Ik stel nog wat vragen over de medicatie. Inmiddels heb ik bijna alle oxycodon afgebouwd en neem ik voornamelijk nog diclofenac en paracetamol als ik pijn heb. Ik durf haar niet te zeggen dat ik het liefst nog oxy's zou willen blijven slikken, maar dan om een andere reden. Ze hadden gelijk: de werking is verslavend. De verdoving is te lekker. Gelukkig ben ik bijna door de voorraad heen en mag ik geen nieuwe, anders was het misschien uit de hand gelopen.

Dan begint ze over iets praktisch: het plassen.

'Ja, het plassen blijft een lastige. Het gaat met moeite en ik heb constant aandrang. Maar als ik ga komt er vaak niets.'

'Dat zou weleens een blaasontsteking kunnen zijn. Ik zal zo een test doen, dan krijg je daar binnen een paar dagen de uitslag van.'

Ik denk na. Wat wilde ik ook alweer nog meer bespreken?

'Ik heb nog een vraag over die vochtophopingen in mijn bovenbenen. Dat blijft er maar zitten en het doet nogal zeer. Zeker in combinatie met die zenuwpijnen daar. Kan daar echt niet iets aan gedaan worden?'

'Laten we daar even mee wachten tot in het nieuwe jaar, het moet zich eerst allemaal een beetje herstellen. Dat het nog niet als vanouds voelt is volkomen normaal. Zullen we eerst kijken hoe het zich van nature ontwikkelt?'

Ik bijt op mijn lip. Het zal wel moeten.

Ze ziet wat ik voel, denk ik, want ze praat geruststellend verder: 'Als het niet normaliseert, kan ik je doorverwijzen naar een fysiotherapeut die gespecialiseerd is in lymfoedeemtherapie. Die zou het met behulp van massages misschien beter kunnen maken. Onze volgende check-up is in maart, zie ik. Laten we dan een plan maken. Maar als het in de tussentijd nog erger wordt of toch te veel last geeft, bel dan alsjeblieft mijn assistente. Dat mag altijd, Monique.'

Ik knik gelaten.

'Nou, laten we eens gaan kijken hoe alles eruitziet.' Ze wijst naar een gordijntje. 'Daar kun je je uitkleden. Daarna mag je op de tafel plaatsnemen.'

Als vanouds houd ik mijn sokken aan.

Voor ik het weet sta ik weer buiten. Ik loop langs het rookhok naar de fietsenstalling en denk aan de avond dat ik hier met Bart stond te roken met uitzicht over het uitgestorven parkeerterrein. Hoe blij ik ben dat alles achter de rug is. Voor ik op de fiets stap bel ik mijn vader om hem bij te praten. Hij is opgetogen. Zo opgetogen zou ik ook moeten zijn.

'Dus alles is echt weg?'

'Ja, alles is echt weg.'

'Kon je dat zien op een echo? Of hebben ze een scan gemaakt?'

Ik leg hem uit wat er wel en niet is gebeurd. Hij vindt het maar lastig te bevatten dat ik niets daadwerkelijk heb gezién. Dat begrijp ik wel: ik heb vertrouwen in mijn lichaam, maar voor hem zijn het maar woorden. Hoe geef ik hem bevestiging dat ik weer gezond ben? Hoe laat ik hem dat écht voelen, zoals ik dat lichamelijk voel? Maar het antwoord heb ik niet. Misschien helpen meer details.

'Ze heeft wel een inwendig onderzoekje gedaan en alles zag er gezond uit. Er zitten nog twee kleine hechtingen in me, die lossen vanzelf op. En de hechtingen op mijn buik zijn er op eentje na ook allemaal uit. Ja, die grote in het midden wordt een flink litteken. Maar de rest knapt al aardig op.'

'Daar ben ik blij om. Maar toch zou ik zo graag zien dat ze nog een scan doen. Om het allemaal zeker te weten.'

'Het is zeker weten weg, pap. Echt. Je moet er maar gewoon op vertrouwen: alles is weg.'

's Avonds vieren we het leven én alsnog mijn verjaardag met mijn schoonzus en haar man bij Sazanka, het Japanse teppanyaki-restaurant in het sjieke Okura-hotel. De warme sake is niet aan te slepen en we genieten enorm van het wagyu-vlees dat op de gloeiendhete plaat voor onze neus wordt gegrild.

Ik geniet oprecht. Vanavond is dat niet gespeeld.

Als we thuiskomen, ben ik stoutmoedig – en tipsy – genoeg om voor het eerst te proberen te vrijen. Bart vraagt niks en dat is precies zoals ik het wil. Het moet weer als vanouds zijn, of ik nu een baarmoeder heb of niet. Ik ben zelf al bang genoeg voor seksuele problemen, veel vrouwen schijnen na deze behandeling moeite te hebben met intimiteit. Zo heb ik gelezen dat veel vrouwen niet meer opgewonden raken, niet nat genoeg worden, dat orgasmes nooit meer hetzelfde zijn.

Bij mij is dat allemaal niet het geval. Het is pijnlijk, dat wel. Nauw en vreemd en gevoelig. Maar het is, hoe raar ook, heerlijke pijn. Het is mijn pijn, mijn lichaam. Alles doet het nog.

Het is de pijn van bevrijding, van opluchting. Van een nieuw begin.

35

Ik zit ingebouwd tussen torens van verhuisdozen op de Lindengracht terwijl mijn vader, mijn schoonouders en Bart straks eindeloos de trappen op en neer zullen gaan met dozen en meubels. Mijn huis is verkocht!

Ik had verwacht – en gehoopt – dat dat vlot zou gaan, maar de snelheid waarmee de verkoop was geregeld is bizar. Vandaag verhuizen we mijn complete inboedel van de Jordaan naar de Helmersbuurt. Het is mijn taak om zo buiten de verhuisbus te bewaken, want ik kan nog niet zoveel tillen. Wel heb ik eigenwijs zelf alle dozen ingepakt.

Dagen ben ik bezig geweest en met het afscheid van mijn studio in de Jordaan neem ik ook afscheid van een mooie, maar ook van een moeilijke periode in mijn leven. Het gemis van mijn ex is weg. De pijn over vriendschappen die tijdens mijn ziekte zijn gesneuveld of veranderd, is minder geworden. Ik denk er nog wel over na, maar langzaam krijgt het een plek. Net als ik: bij Bart. Alles is anders nu.

Nu is het huis van Bart 'ons' huis. Met zijn en mijn spullen en straks ook een paar van 'ons' samen. Het is lang geleden dat ik die drie letters in mijn leven heb gehad, op de manier zoals ik die nu heb.

Aan de buitenkant lijkt alles te kloppen. We boeken een vakantie naar Bali voor het nieuwe jaar. We kopen de IKEA leeg en knappen samen een oude kast op. De koelkast wordt gevuld, goede voornemens worden bedacht. Hoe beter mijn buik en benen het doen, hoe meer feestjes ik bezoek. Ik zie meer bars van binnen dan in de acht jaar daarvoor. Eindelijk ontdek ik Amsterdam echt, nachtelijk Amsterdam dan. We dansen en drinken en ontmoeten nieuwe mensen.

Maar als de nacht voorbij is en ik met Bart in bed kruip en hij altijd veel te snel naar mijn zin in dromenland tuimelt, begint het gepieker. Hoe meer mensen ik bij het uitgaan spreek, hoe eenzamer ik me daarna thuis voel. Hoe harder ik dans, hoe meer ik drink, hoe meer ik besef dat ik mezelf moedwillig aan het verdoven ben.

Dat ziet niemand.

Dat zie ik alleen.

Ik probeer er met Bart over te praten maar het komt niet aan. Misschien leg ik het niet duidelijk genoeg uit. Misschien weet ik zelf niet eens wat ik precies wil zeggen. Vrienden probeer ik deelgenoot te maken van mijn gedachten, maar zij zijn alleen maar blij dat ik weer beter ben. En terecht. Ik kan het ze niet kwalijk nemen. Er ís ook reden voor blijdschap.

Maar er lijkt geen plek te zijn voor mijn negatieve gevoelens, mijn angsten en mijn verdriet. Waarom zou je ook verdrietig zijn na zo'n fantastische uitslag? Na kanker komt toch zonneschijn?

December staat voor de deur en om de officiële feestdagen heen vieren we er ook nog zo veel mogelijk zelf. Thuis, in discotheken, bij vrienden. Het is een eindeloze herhaling van drinken, dansen, kletsen, vooral veel oppervlakkig gekleets, om vervolgens kapot en leeg naast Bart in slaap proberen te vallen.

Zo hard als hij ligt te snurken, zo hard blijf ik maar piekeren. Het zeurt en zeurt maar door in mijn kop. Alles komt voorbij: wie ik ben, waar ik heen wil, hoe het komt dat ik niet meer ziek ben maar me vreemder voel dan ooit.

Vérvreemd.

Op een van mijn donkerste nachten denk ik: was ik nog maar ziek. Had ik nog maar kanker. Dan was het simpel, makkelijk uit te leggen aan anderen. Kwamen de kaartjes, de steunbetuigingen, de lieve woorden, de armen om mijn schouders. Dan had ik een doel, een richting: beter worden. En dan eindelijk, tot slot, de felicitaties.

'Proficiat! Je bent beter!'

Ik ben erdoorheen gesjeesd en nu voel ik vooral leegte. Ik voel me knettergek.

Niemand heeft me verteld dat deze fase, ná de finale, de zwaarste is. Het voelt als een totale leegte. Niemand stuurt nog bloemen als je al een paar maanden kankervrij bent. Vrienden bellen je na een operatie, maar niet na een afspraak bij de fysio. Terwijl ik worstel met vochtophopingen in mijn bovenbenen, pijn heb en bij de fysio harder huil dan ik ooit bij een oncoloog heb gedaan.

Ik neem het mijn vrienden niet kwalijk, ik zou er ook niet aan denken als ik hen was.

'Het mentale herstel begint pas als het lichamelijke herstel voorbij is.' Opeens herinner ik me deze zin van mijn allereerste arts. Ik was het helemaal vergeten. Het is me wél verteld, ik heb dat destijds alleen niet binnen laten dringen.

Het lichamelijke herstel is natuurlijk ook nog niet honderd procent geslaagd. De plasproblemen houden aan en omdat het geen blaasontsteking blijkt te zijn ben ik doorverwezen naar een fysiotherapeut gespecialiseerd in bekkenbodemtherapie. Door die spieren te trainen zou ik mijn blaas weer in het gareel moeten krijgen.

Het is 11 december, vandaag moet ik me bij een praktijk in mijn nieuwe buurt melden voor een intakegesprek. Gisteren is er op de Veluwe wel vierendertig centimeter sneeuw gevallen en vandaag is het opnieuw raak. KLM heeft vluchten gecanceld, er rijden minder treinen en veel van het openbaar vervoer in Amsterdam is opgeschort. Sommige scholieren in de stad hebben zelfs 'sneeuwvrij' gekregen.

Ik heb geen sneeuwvrij. Het is spekglad op straat, dus voetje voor voetje schuifel ik over de besneeuwde trottoirs richting de Overtoom. Vallen zou voor mij funest zijn, mijn benen werken net weer.

Het lijkt wel een zondag buiten. Er zijn amper auto's op straat, de trambaan is angstvallig leeg. Terwijl ik de deur van de praktijk openduw spreek ik mezelf bemoedigend toe. Het is maar een intake en de mevrouw die me gaat helpen schijnt gespecialiseerd te zijn in fysiotherapie na een oncologisch traject. Op de website las ik: 'onderzoek heeft uitgewezen dat fysiotherapie kan bijdragen aan het verminderen van zowel lichamelijke als mentale klachten bij kanker'. Het AVL heeft me doorverwezen, dus hier zullen ze me wel begrijpen. Een liefdevolle behandeling kan ik op dit moment wel gebruiken.

In de behandelkamer, tussen de balanskussens in de hoek

en anatomische schilderijen aan de muur in, vertel ik de therapeut wat ik de afgelopen tijd heb meegemaakt en waar ik last van heb. Het is een wat oudere vrouw met een zacht gezicht, ze knikt en is vriendelijk, maar vraagt niet echt door. Waar had ik op gehoopt? Dat ze zachtjes 'ach meissie toch' zou mompelen? Een arm om me heen zou slaan? Nu ik het hele verhaal weer vertel, sinds lange tijd weer eens aan een vreemde, komt er een hoop verdriet boven. Ik wil niet huilen, niet in deze ruimte. Hier moet ik sterk zijn.

'De bekkenbodemspieren kun je zien als een soort hangmatje dat je blaas, darmen en baarmoeder op hun plek houdt,' legt ze uit.

Maar ik heb geen baarmoeder meer, denk ik sip.

Hoe zakelijker zij blijft, hoe droeviger ik word. Misschien is dit wel mijn schuld, misschien zie ik haar onbedoeld te veel als psycholoog.

Ik probeer mezelf te herpakken. Niet zo zielig, hup, alle handvatten aanpakken waar ze mee komt. Als er dan geen medelijden is, dan tenminste toch wat praktische tips.

Het lukt me een paar minuten, maar zodra ze voor de derde keer een oefening uitlegt en zegt wat er zich allemaal rondom 'mijn baarmoeder' afspeelt, breek ik. Hoe kan deze vrouw gespecialiseerd zijn in oncologische patiënten? Hoe kan ze zo tactloos blijven praten over het orgaan waarvan ze wéét dat ik het twee maanden geleden ben kwijtgeraakt? We hebben het erover gehad, het stond op haar aantekeningen, het is godbetert de reden dat ik hier ben.

Ik moet hier weg.

Met een smoes maak ik me uit de voeten. De receptioniste roept me nog na of ik een vervolgafspraak wil maken. Zonder om te kijken loop ik de deur uit.

De kerstdagen worden gevierd met oude en nieuwe familieleden. Het is allemaal gezellig, absoluut, maar het blijft broeien in mijn hoofd. Ik krijg de nare gedachten niet weg, ook al weet ik niet eens wát er nou zo naar is.

Ik kan er met niemand over praten, zelfs niet met Bart. Zoveel als ik met mensen, vreemden zelfs, heb gedeeld in de afgelopen maanden toen ik ziek was, zo weinig deel ik nu. Ik praat wel. Ik praat altijd. Maar ik deel niets, niet écht. Ik doe gewoon mee in het leven, aan mij zie je niets. Een grote glimlach, een goed gevuld glas, altijd een grap paraat. Maar van binnen voel ik me leeg en ik heb geen idee wat ik ermee aan moet.

Ik kom Edith tegen, een bekende van vroeger die ik niet vaak meer spreek, maar die via via toch heeft gehoord dat ik ziek was.

'Och meis, wat een gedoe allemaal voor je. Maar gelúkkig heb je geen chémo gehad!' zegt ze met geaffecteerde stem. 'Dat zou pas écht erg zijn geweest. Ik ken namelijk iemand...'

Iedereen kent altijd iemand die kanker heeft gehad. Of chemo. Of een andere ziekte die op dit moment blijkbaar heel relevant is om te vermelden. Ik weet alleen nooit zo goed wat de bedoeling is van mensen om tegen mij over andere kankerpatiënten te beginnen. Het lijkt wel alsof ze vooral menen dat het oprakelen van 'nog zieligere gevallen' mij zou moeten helpen.

Ergens weet ik wel dat ze het goed bedoelen. Misschien deed ik dit zelf in het verleden ook. Een voordeel van ziek geweest zijn: je gaat een stuk beter nadenken over dit soort onvermijdelijke gesprekken en je neemt je voor om dit in de toekomst bij anderen beter aan te pakken.

Ik kan het haar niet kwalijk nemen dat ze zo onhandig is, maar dat eindeloos vergelijken van mensen zit me wel dwars. Is chemotherapie 'erger' dan een operatie waarbij een orgaan permanent uit mijn lichaam verwijderd is? Is haaruitval 'erger' dan nooit meer kunnen baren?

Waarom moeten er überhaupt gradaties worden aangebracht in lijden? In hoe erg iets is? Alle kankerpatiënten hebben angsten en moeten de gevolgen van hun ziekte met zich meedragen. Wat voor behandeling ze ook hebben gehad. Waarom moeten zoveel mensen mij dan lastigvallen met 'ergere gevallen'? Hebben die mensen meer recht op mededogen en troost? Moet ik dan maar ter plekke een vreugdedansje maken als ik dit soort mensen tegenkom? Laten zien hoe blij en dankbaar ik ben? Het maakt me boos en opstandig.

Hoe vaak heb ik wel niet naar goedbedoeld maar volstrekt ondoordacht en soms ronduit bot geleuter moeten luisteren, steeds in andere varianten. 'Bestraling zou nog wel een stukje erger zijn geweest dan wat jij hebt gehad.' 'Nou, gelukkig heb je je haar nog.' 'O, je hebt alleen een operátie gehad...! Dan valt het toch wel weer een beetje mee.'

Ze bedoelen het goed, houd ik mezelf maar voor. Maar van binnen kook ik.

De jaarwisseling vieren Bart en ik samen thuis. We houden allebei niet van de drukte op dit soort dagen en dit jaar wil ik graag samen, met z'n tweetjes, afsluiten. Ik kan geen mensen meer aan, ik wil alleen maar in mijn cocon kruipen en aftellen.

De grote klok op de televisie loopt. Normaliter kijk ik er nooit naar, ben ik te druk met feestvieren. Nu kan ik mijn ogen niet van de wijzers afhouden. Dit klotejaar is bijna voorbij.

De laatste seconden gaan in. Buiten klinkt al vrolijk geschreeuw, van buurtkinderen of wellicht gillende keukenmeiden.

Tien, negen, godverdomme dit jaar is bijna voorbij, acht, zeven, zes, 2018 wordt sowieso beter, vijf, vier, *the only way is up*, drie, ik moet moet moet moet me vanaf nu beter gaan voelen, vooral in mijn hoofd, twee, één...

'Gelukkig nieuwjaar, schatje.'

Ik zoen Bart, harder dan ooit, we kijken naar het vuurwerk en zwaaien naar de buren op straat, mijn nieuwe straat. We proosten champagne en vrijen het nieuwe jaar in.

36

Januari 2018 begint goed. Vol goede moed, althans.

Overdag ben ik druk aan het werk voor de site, er is genoeg te doen. Toch merk ik dat mijn hart er minder in zit. Ik werk er al bijna zeven jaar, alle campagnes zijn al een keer gedaan, bijna elk onderwerp is al eens behandeld. Mijn compagnons en ik hebben al vaker gepraat over de eindigheid, althans: mijn eindigheid in dit bedrijf. Na veel gesprekken en onderhandelingen besluiten we dat dit het moment is. Oké, vooral ík besluit dat. Ze begrijpen mijn beslissing en nemen mijn aandeel in het bedrijf graag over.

We kiezen 1 april als vertrekdatum. Dat klinkt als een grap, maar het is vooral praktisch. In februari ga ik met Bart op vakantie en ik wil daarna nog wat tijd hebben om een opvolger in te werken.

Het liefste zou ik trouwens meteen m'n biezen pakken; dat ligt overigens meer aan mij dan aan het werk. Ik vind het nog steeds leuk, het is niet dat ik opeens alles haat. Maar ik ken mezelf. Als ik eenmaal de knoop heb doorgehakt, wil ik er daarna zo snel mogelijk vanaf zijn. Dat geldt voor relaties, tumoren en blijkbaar ook voor werk.

Dit wordt het jaar van rust en bezinning, besef ik. Mijn spaarrekening stelt me gelukkig gerust, ik kan wel eventjes kalmpjes aan doen.

Als ik straks mijn vertrek bekendmaak bij de mensen om me heen, zal direct ieders vraag zijn: 'Wat nu?' Ik ben een ondernemer, een ideeënmachine, altijd al geweest. Dus ik kan het ze niet kwalijk nemen dat ze zich afvragen *what's next*. Alleen heb ik zelf geen idee. Behalve dan ongestoord wat aanmodderen, maar dat klinkt niet zo sexy.

Zeker aan Bart merk ik dat hij wil dat ik mijn ambities hooghoud, net als hijzelf. Daardoor is hij waarschijnlijk ook op me gevallen.

Ik heb alleen even geen ambities. Mijn lijf is beter, maar ik wil ook beter worden in mijn hoofd. Als ik mijn mentale herstel geen prioriteit geef, dan heeft het totaal geen zin om na te denken over een nieuwe baan.

In de mediawereld waarin ik me al ruim de helft van mijn leven begeef, teken ik zo'n beetje mijn eigen doodsvonnis zonder nieuw plan. Dat weet ik heus wel. In dit circuit heeft iedereen altijd een plan, een doel, een richting. Maar ik heb geen zin om te liegen, om te doen alsof, dat is niet mijn stijl.

Mijn eenmanszaak blijft bestaan. Er is geen reden die op te heffen. Ik kan altijd nog 'gewoon' gaan freelancen, of dat nu meteen in april is of pas over een jaar. Die gedachte geeft lucht.

Opgewekt tik ik alvast mijn definitieve 'out of office'-bericht dat ik vanaf 1 april zal instellen. Ik heb al een creatieve term bedacht: een culinaire sabbatical. Zie je, ik kan het nog steeds. En er is niets van gelogen, want ik ben voornemens me dit hele jaar vol te stoppen met het lekkerste eten wat er is. Mijn *appetite* weer aan te wakkeren, op alle fronten.

Godzijdank komt er niet veel later per toeval een mooi aanbod op mijn pad: een culinaire column in een tijdschrift. Dat is perfect, tóch een leuke, regelmatige klus en niet te arbeidsintensief. Vanuit huis werken en toch nog zichtbaar blijven.

Ik merk dat ik steeds minder met mensen over de ziekte praat. Dat komt uiteraard omdat er minder naar gevraagd wordt, maar ook omdat ik mezelf dwing het onderwerp niet meer aan te kaarten. Dat klinkt logisch: waarom zou ik die behoefte nog hebben, nu ik niet meer ziek ben? Toch heb ik 'm nog steeds. Delen heelt, maar ik ben nog niet geheeld. De littekens op mijn buik, het vocht in mijn liezen, ze herinneren me er elke dag aan. En mijn hersenen nog het meest.

Vorig jaar kon ik er nog mee wegkomen, dat eindeloze *oversharing* van wat me overkwam, waar ik doorheen ging. Nu voelt het alsof ik zou zeuren als ik er nog over begin. Ik ben toch niet langer ziek? Ik zou mensen er alleen maar mee lastigvallen. Daarom moet ik mijn mond houden, positiviteit blijven uitstralen. Dat zou ook zo wat zijn: ben je eindelijk beter, rennen je vrienden bij je weg omdat je je als een gedeprimeerde tuthola gedraagt. Of bent – daar ben ik nog niet over uit.

Op sociale media heb ik er nog steeds niets over gepost. Het voelt ook een beetje als mosterd na de maaltijd, om nu al die narigheid nog buiten te hangen. Wie zit daar nog op te wachten? Het is goed zo, misschien moet ik er ook niet meer te lang bij stilstaan. Gewoon verder leven.

Het lijken goede voornemens, totdat ik ga lunchen met Elles. Ze is redactiechef bij het populaire vrouwentijdschrift *Glamour* en heeft gehoord dat ik ziek ben geweest.

'Hier zit een verhaal in, Monique,' verzekert ze me. 'Ik kan me voorstellen dat je het niet meteen aan de grote klok wilt hangen, maar ik denk wel dat je hier veel vrouwen mee kunt helpen en inspireren.'

'Hoe bedoel je: inspireren?'

'Je bent jong, jou is iets overkomen wat elke vrouw in principe kan gebeuren. Je bent er fantastisch mee omgegaan en uiteindelijk goed uit gekomen. Dat is bewonderenswaardig. En je kunt er ook nog eens tamelijk luchtig en met humor over vertellen. Ik vind het een interessant verhaal voor mijn blad. Natuurlijk moet jij zelf beslissen of je dat superpersoonlijke en kwetsbare verhaal wilt delen, maar denk erover na. Je bent een schrijver, je kunt het.'

'Dan wil ik er wel heel geile foto's bij,' grap ik, maar ik meen het wel. Wacht even, ben ik serieus geïnteresseerd om dit stuk te doen?

Elles lacht. 'Haha, dat is goed. Nee maar echt, beeld je eens in hoeveel vrouwelijke lezers je kunt aanmoedigen om hun uitstrijkjes netjes elke vijf jaar te laten doen? Hoeveel ouders je kunt aanzetten tot het kiezen voor een HPV-vaccinatie voor hun dochters? Al gaat het alleen maar om de bewustwording.'

Nu word ik ook enthousiaster en als we onze koffie op hebben en de rekening vragen bij de ober, zeg ik toe.

'Oké, laten we het doen. Maar dan wil ik het zelf schrijven en ik wil genoeg ruimte. En dus die foto's.'

'Deal.'

Terwijl ik mijn jas aantrek en de lunchtent uit loop schiet opeens de gedachte door mijn hoofd: shit, nu gaat echt iedereen het lezen. Nu word ik 'het meisje met de baarmoederhalskanker'. Gaan mensen dan niet denken dat ik mezelf zielig vind? Dat ik aandacht zoek? Is dit wat ik wil? Ik app haar meteen dat ik er toch nog een nachtje over wil slapen.

Even advies inwinnen.

Ik bel Bart. Die is enthousiast over het aanbod en vindt het geloof ik alleen maar leuk dat z'n vriendin met tekst en beeld in een bekend blad komt.

Papa dan. Die is, zoals verwacht, een tikje gereserveerder.

'Je moet de voors en tegens gewoon rustig afwegen. Maar weet ook: je hóéft het niet te doen. Je bent niemand iets verplicht.'

's Nachts kan ik niet stoppen met woelen. Om Bart niet wakker te maken, ga ik stilletjes uit bed en sluip ik op mijn tenen door de woonkamer naar de keuken. De slaapkamerdeur kraakt. Die moeten we dit weekend maar even smeren.

Aan het aanrecht schenk ik zo geruisloos mogelijk een glas appelsap in. Op het display van de oven zie ik dat het bijna half drie is. Het is te koud om hier te blijven staan, maar ik wil ook niet met plafonddienst terug mijn bed in. De vraag van Elles blijft maar door mijn hoofd spoken en ik wil een beslissing nemen.

Elke vrouw die ik kan helpen, die ik naar een huisarts kan laten gaan omdat ze twijfelt over haar lichaam, is er eentje. Ouders die hun dochters niet laten inenten omdat ze bang zijn voor iets wat ze op een vaag internetforum hebben gelezen, moeten horen dat de kleine kans op kanker altijd nog erger is dan een niet-wetenschappelijk onderbouwd argument. Hetzelfde geldt voor vrouwen die de oproep voor een uitstrijkje 'vergeten' omdat ze het te druk hebben of misschien bang zijn.

Deze redenen wegen zwaarder dan mijn onzekerheid of

ik dit wel naar buiten wil brengen. Hoe graag had ik wel niet een rolmodel gehad? Hoe vaak heb ik online gezocht naar positieve verhalen en die amper gevonden?

Dan vinden ze me maar een aandachtshoer, besluit ik. Het liefste wil ik de aandacht helemaal niet op dit verhaal van mezelf richten, het liefste hield ik mijn mond en lag mijn pijnlijke verhaal niet op straat. Maar de oproep van Elles om anderen te helpen, te steunen en te inspireren kan ik niet naast me neerleggen omdat ik me misschien schaam. Bovendien kan ik mensen ook best een beetje laten lachen. En wie weet help ik mezelf hier ook nog mee en is dit het laatste wat ik nodig heb om dit hoofdstuk van mijn leven af te sluiten.

Zo stil mogelijk loop ik weer naar de slaapkamer en kruip naast Bart onder het dekbed. Hij draait zich om, mompelt iets onverstaanbaars. Zijn hand zoekt de mijne, ik pak hem vast en val in een diepe slaap.

Wanneer het ochtend begint te worden, pak ik mijn telefoon van het nachtkastje en app ik Elles.

'Fuck it, laten we het doen!'

37

Het is de derde week van januari en mijn agenda is tot de nok toe gevuld. De Vlaamse versie van de site is bijna af, maar de overdracht aan de Vlaamse collega's en het inwerken kosten meer tijd dan gepland. Ook al ga ik over een paar maanden weg, het maakt die laatste maanden er niet minder druk op.

Terwijl ik opsta en koffie voor Bart en mezelf zet, overvalt me een vreemd gevoel. Correctie: een heel herkenbaar gevoel, maar eentje waarvan ik niet had gedacht het ooit nog mee te maken. Ik voel me ongesteld, met een hoofdletter O. Een weeïg gevoel in mijn buik. Zeurende pijn in mijn onderrug en steken achter mijn voorhoofd. Pijnlijke slapen. Voorheen zou ik naar de wc lopen en zien dat het zover is. Maar als ik nu ga plassen, is er natuurlijk niets te zien.

De dagen erna ben ik chagrijnig, mopper ik bovenmatig tegen Bart en huil ik om het minste of geringste. Als ik een pak vla uit de koelkast niet openkrijg, dat verdomde kartonnen tuutje ook altijd, barst ik in snikken uit.

Bart ziet het, maar zegt niks. Dat vind ik nog erger dan medelijden.

Ik huil bij een zielige reclame voor straathonden, ik word boos als mijn favoriete chips niet op voorraad zijn in de supermarkt. Mijn haar dunt opeens met bossen uit en bij elke pluk die ik uit het doucheputje trek, jank ik als een klein kind. Ik snauw zelfs mijn vader af wanneer hij iets is vergeten.

'Ze huilt al vanwege een pak vla,' is Barts nieuwe anekdote over mij. Het klinkt grappig, maar helaas klopt het ook nog. Later maken we er onze eigen codetaal van. Heb ik een klotedag en gieren de hormonen door mijn lijf, dan app ik hem alleen maar: 'pak vla'. Dan weet hij tenminste dat er bij thuiskomst een zielig hoopje mens op hem wacht.

Na een week is mijn spookongesteldheid nog niet over. Ik besluit mijn arts te raadplegen en bel voor een afspraak in het Antoni van Leeuwenhoek.

'Mijn menstruatie is weer als vanouds, zonder het bloedverlies dan. Ik heb daar veel last van,' steek ik van wal en ik probeer mijn tranen te verbannen naar achter mijn oogkassen. 'Ik had niet verwacht dat al die maandelijks pijntjes gewoon terug zouden komen. De hormoonschommelingen, de PMS. Dat leek me nou het enige voordeel aan het verliezen van je baarmoeder.'

'Dat vind ik vervelend om te horen,' antwoordt dokter L. 'En ik snap je frustratie. Maar het klopt, omdat je eierstokken en eileiders intact zijn gebleven, kun je alle symptomen die je voorheen had nog steeds houden. Het hormoonstelsel blijft nagenoeg hetzelfde. Helaas komen die bekende klachten bij de meeste vrouwen na verloop van tijd weer terug.'

'Ik had eigenlijk verwacht dat dat over zou zijn,' antwoord ik sip. Had ik dit van tevoren moeten zien aankomen?

Ze raadt me aan om een afspraak te maken met de hormoonspecialist van het ziekenhuis. Tot mijn opluchting kan ik daar een aantal dagen later al terecht.

Dokter B heeft een vergelijkbare spreekkamer als mijn eigen arts. Sober ingericht, met een breed bureau waar ik recht tegenover haar aan plaatsneem. Haar haar is een mix van donkerblond en grijs, in een lange bob geknipt. Haar felgekleurde ogen, ergens tussen groen en blauw, zijn omlijst met zwart kohlpotlood.

'Zijn er nog meer veranderingen die je aan je lichaam hebt gemerkt?' vraagt ze me. Dit is een vrouw die van aanpakken houdt, merk ik. Ze praat snel en zonder omwegen.

'Een tijdje geleden had ik opeens een kaal plekje op mijn hoofd. Inmiddels begint dat wel aan te groeien, maar ik voel dat mijn haar sowieso niet meer zo lekker groeit. Ik moet steeds hele plukken uit mijn haarborstel vissen, zoveel meer dan normaal,' zeg ik.

Ze knikt. 'Dat zien we soms gebeuren. Het kan aan meerdere dingen liggen. Je hormoonbalans of eventuele vitaminetekorten. Of misschien een te traag werkende schildklier.'

Ik had niet verwacht dat al deze dingen ook te verwachten waren na de operatie. Maar ik ben blij dat ze bekend is met de symptomen en dat ze niet verontrust lijkt. Bovendien klinkt het alsof we meteen tot actie kunnen overgaan, en daar houd ik van.

'Het lijkt me verstandig als je zo bloed laat prikken, dan kan ik al die waardes laten checken. Daarnaast zou ik je sowieso willen aanraden om weer te beginnen met een anticonceptiepil.'

Wat? De pil? Ik kan niet eens meer baren! Ik moet lachen om de absurditeit, maar haar gezicht blijft strak in de plooi.

'Het is een pil met een progesteronhormoon dat de effecten van testosteron tegenwerkt. Waarschijnlijk heb je een verhoogd aantal mannelijke hormonen in je lijf. De haaruitval zou daarvandaan kunnen komen, en soms veroorzaakt het ook acné. De pil die ik je voorschrijf zal de effecten van deze mannelijke hormonen blokkeren.'

Great. Na het verwijderen van mijn baarmoeder verander ik ook langzaam in een man. Ik heb zó geen zin om weer iedere dag braaf een pilletje te moeten slikken. Om elke dag herinnerd te worden aan wat er is gebeurd. Dat doen de littekens op mijn buik al genoeg.

De hormoondokter lijkt niet onder de indruk van mijn weerstand. Misschien vindt ze dat ik zeur. Misschien heeft ze gewoon een druk schema vandaag. Tegensputteren heeft duidelijk geen zin.

Een week later is de uitslag er. Mijn schildklier functioneert naar behoren en alle vitaminewaardes zijn goed, behalve de vitamine D. Daar heb ik een flink tekort aan, misschien komt dat doordat ik zo weinig zon heb gezien de afgelopen maanden. Een sterke kuur moet oplossing bieden.

Bij de apotheek haal ik de oranje vitaminecapsules op, samen met een voorraadje anticonceptiepillen met de naam Yaz, voor drie maanden. De pil – nooit gedacht dat ik die ooit nog in mijn badkamerkast zou hoeven leggen.

Een week voordat Bart en ik het vliegtuig naar Bali pakken voor onze welverdiende vier-het-leven-vakantie (zonder vulkaanuitbarsting), staat de fotoshoot voor *Glamour* gepland.

Voor het eerst in maanden doe ik mijn verhaal aan volslagen onbekenden. De visagist, de stylist, de fotografe, mensen van het tijdschrift. Het beste is: ze vragen er zelf naar. Ze luisteren écht en geven complimenten over mijn lijf en de littekens. 'O, wat ziet je lichaam er dan al goed uit!' Op die zin kan ik nog weken teren. Zeker omdat ik de komende weken grotendeels in badpak ga doorbrengen.

De fotoshoot is een droom. Niet alleen kan ik lekker van me af praten, ze leggen me ook nog eens in de watten. Ik word prachtig opgemaakt en straal voor de camera. Ik houd van fotoshoots. Voor mijn werk doe ik ze best vaak, maar dan gaat het meestal over eten. Vandaag gaat het over mij en ik voel me meer mezelf dan ooit. De haarstylist heeft mijn haar zo gedaan dat het kale plekje, waar inmiddels een peuterig plukje haar uit is gaan groeien, niet zichtbaar is. Heldenwerk.

Ik mag meekijken op de schermen, hoewel veel fotografen dat nooit toelaten, en ik glunder. Dit is hoe ik er op wil staan. Dit ben ik, littekens en al, haar in de wind. Na afloop zweef ik op mijn fiets naar huis. Mijn vader zegt altijd: 'Zonder wrijving geen glans.'

Nou, deze meid is gewreven. En ze gaat ook weer glanzen.

Een dag voor ons vertrek naar Indonesië doe ik iets wat ik nog nooit eerder heb gedaan: een spray-tan. Een schoonheidsspecialiste sproeit zelfbruiner op elke centimeter van mijn lichaam. Ook al ben ik alleen met Bart op vakantie, die melkflessen van mij kunnen wel een kleurtje gebruiken. Voor straks heb ik een aantal beeldige badpakken ingeslagen, mijn littekens mogen nog niet te veel in de zon.

In de spray-tan-cabine word ik van top tot teen bekeken door de specialiste. Ze is jong en lief, maar durft duidelijk niets te vragen over die zes gekke japen op mijn buik. Zou ze denken dat ik een steekpartij heb overleefd? Zal ik een stoer verhaal ophangen om haar te laten schrikken?

Uiteindelijk houd ik toch maar wijselijk mijn mond. Even later trippel ik gebronsd en vol zelfvertrouwen de salon uit.

Op naar Bali.

'Laten we deze weken alleen maar doen waar we zin in hebben!' zegt Bart als we onze koffers uitpakken in Villa Komea.

Deze tropische *get-away* in Canggu, een van de meest relaxte kustplaatsen van het eiland, is de komende zestien dagen helemaal van ons. We slapen in een hoog donzig bed onder een puntig dak, waar je in dit regenseizoen de neerslag keihard tegenaan hoort kletteren. Als je links de slaapkamer uit stapt, sta je direct in een knalgroene tuin waar je je half beschut, half in de natuur onder de buitendouche kunt wassen. Tussen de flesjes douchegel en shampoo loopt een salamander, op de gladde vloertegels probeert een vlinder te landen.

Aan de andere kant van het huisje is een zwembad en een overdekt terras waar we languit kunnen liggen op een groot tuinbed. De minibar is gevuld, de temperatuur ligt hoog en we kleden ons schaars.

Het is precies waar we op gehoopt hadden. En dat was best even spannend vooraf, zo'n eerste lange trip samen. Want wil de één bergen beklimmen en de ander – ik – lekker met een boekje aan het zwembad liggen? Geven we royaal geld uit of letten we op de kleintjes? Wordt er gesport of blijven de gympen thuis?

Gelukkig blijken Bart en ik meer op elkaar te lijken dan we ooit dachten. We willen allebei relaxen, zwemmen, lezen, eten. En veel vrijen. Ik geloof niet in een god, maar mocht er toch een hogere macht zijn, moet ik het toch gezegd hebben: dank u wel dat alles nog werkt. Dank voor het libido, dank voor mijn werkende vagina, dank voor de orgasmes die overweldigender zijn dan ooit.

Mijn kut salueert u.

Bart maakt foto's van mij in badpak. Daar ben ik nooit zo fan van. Ik vind en vond mijn lichaam niet lelijk, maar om nou te zeggen dat ik er groot fan van was, nee. Maar deze foto's zijn mooi. Ik voel me weer mooi. Ik zie in dat het niet zoveel uitmaakt, een flubbertje hier of een putje daar. Natuurlijk baal ik van de littekens. Natuurlijk vind ik mijn bovenarmen nog steeds een beetje fors, wat belachelijk is. Mijn buik is niet strak. Mijn huid is niet perfect egaal.

Maar ik besef opeens dat dit sterke lijf, na alles wat het heeft doorstaan, dat deze verzameling van verder perfect werkende organen, hetgene is waar ik het mee zal moeten doen.

En dat dat prima is.

Een aantal weken nadat we zongebruind – nu zonder spray – en verliefder dan ooit van het eiland terugkomen, verschijnt mijn artikel in *Glamour*.

Zes pagina's tekst en foto's. Het is overweldigend. De foto's zijn mooi en stoer en vooral heel erg mij. Nu is er geen ontkomen meer aan: ik ga mijn verhaal delen op sociale media. Op Bali heb ik al een voorzetje in mijn telefoon getikt, met een leeg hoofd en open blik was dat makkelijker te verzinnen dan in mijn drukke Amsterdamse bestaan.

Het is een frisse middag, begin maart, met een gevoelstemperatuur van een graadje of vier als ik besluit er eens goed voor te gaan zitten. Ik zit aan de grote houten eettafel achter mijn laptop, een kop thee bij de hand en een schaaltje macadamianoten om mezelf te verwennen en moed te verzamelen. Ik begin te typen:

'Dit stukje tekst ben ik honderd keer opnieuw begonnen. Maar vandaag is de dag dat ik m'n verhaal ga doen, *so let's go.*

Vorig jaar werd bij mij baarmoederhalskanker geconstateerd. Tot mijn grote geluk ben ik genezen, en daardoor ga ik sinds oktober 2017 door het leven zonder baarmoeder.

Ik heb lang getwijfeld wanneer, hoe en eigenlijk óf ik dit verhaal überhaupt moest delen op sociale media. Het was een heel persoonlijke worsteling, die voor mij op dat moment geen plek op sociale media had. De zware tijd heb ik vorig jaar doorstaan met steun van mijn vrienden en familie, maar ik heb vooral ook heel erg veel in mijn eentje gedaan.

Nu alles zo goed als achter de rug is, heb ik besloten mijn verhaal te doen. Om hopelijk andere vrouwen te inspireren én voor te lichten. Want zoveel verhalen over baarmoederhalskanker lees je niet (dat klinkt positief, maar er zijn nog steeds helaas wél heel veel patiënten).

En waarom in print? Omdat ik daar de ruimte had om in zes hele pagina's het hele verhaal écht recht te doen; tja, soms werkt papier en inkt toch beter dan pixels (en dat zegt iemand die praktisch de hele dag online is...).

Een tijdje geleden kreeg ik de vraag of het niet fake voelde dat ik niets van mijn tranen, ziekenhuisbezoeken en angsten online heb gedeeld. Ik vond dat een vrij heftige vraag. Het antwoord is eigenlijk tamelijk simpel: nee. Ik heb respect voor iedereen die zijn of haar ziekte *along the way* online deelt. Maar ik vond het al lastig genoeg om kanker te hebben zónder er online over te praten. (Bovendien: plas-katheters en morfinepillen staan gewoon niet zo smakelijk tussen de bacon en de croissantjes). Anyway. Het verhaal staat nu online.'

Ik druk op 'tweeten', 'delen' en 'plaatsen' en daar ga ik. Nog geen tien minuten later stromen de berichten binnen. Niet alleen heel veel openbare reacties, maar ook mijn privé-inbox knalt uit elkaar van steunbetuigingen en lieve woorden. Ik had reacties verwacht, uiteraard, maar zóveel... Ik kan het bijna niet aan.

Vol verbazing, soms lachend maar vaker snikkend lees ik alle teksten. Er blijken zoveel jonge vrouwen die met deze ziekte hebben gekampt of ze doen dat nog steeds. Zoveel meiden met hetzelfde verdriet en dezelfde vragen.

Ik loop naar de keuken om een verse kop thee te halen. De rillingen lopen over mijn rug. Ik heb iets warms nodig waar ik mijn handen omheen kan leggen. Waarom wist ik dit niet? Waarom blijft zoveel binnenskamers?

Ik loop naar het balkon en staar naar de binnentuin. De kat van de onderburen loopt over de rand van het smalle tuinhek en kijkt me brutaal aan.

De gedachten buitelen over elkaar heen. Het is het beste dat ik ooit heb kunnen doen; met mijn verhaal over baarmoederhalskanker naar buiten treden. Iedereen die ik kan helpen om erover te praten, is er eentje. Elke vrouw die ik kan motiveren dat verdomde uitstrijkje te laten doen. Elke ouder die zijn of haar tienerdochter een prik laat geven om uiteindelijk dat virus uit te kunnen roeien. Het is zó belangrijk.

In de uren en dagen die volgen is ook de respons van kennissen en verdere familie overweldigend. Zoveel mensen hebben het tijdschrift gezien, de berichten gelezen op social media. De groep dicht bij me wist het natuurlijk wel, maar niet iedereen in de kringen daaromheen was ingelicht. Mijn vader is apetrots en Bart showt het blad aan iedereen. Ook mijn schoonouders vinden het prachtig om te lezen, hoe pijnlijk sommige delen ook zijn.

'Dus zo was het voor jou,' hoor ik van velen.

En dan waren dat nog maar zes pagina's.

De tijd vliegt, want op 12 maart heb ik alweer mijn driemaandelijkse check-up in het Antoni. Het is een zonnige maar waterkoude maandag, zoals je die in ons land zo vaak kunt hebben in maart. Maandag is de standaard controledag in het ziekenhuis en eigenlijk vind ik dat wel een prettige dag; je bent er meteen vanaf en als het nieuws goed is, begin je zo lekker de week.

En het nieuws is goed. Dokter L is tevreden. De littekens zien er mooi uit en van binnen is het netjes geheeld, ziet ze turend door de eendenbek. Dat metalen ding went nooit, maar het is voor een goed doel.

'Ik heb een modelpoes,' zal ik later naar Bart appen.

Na het inwendig onderzoek praat ik met Dokter L over de ongemakken waar ik nog mee kamp. De helse zenuwpijn in mijn benen. En die lymfoedeem waar ik nu ook écht therapie voor wil. Of dat pijnlijk is, interesseert me niet. Het probleem schijnt erger te worden zodra de temperatuur stijgt, dus met de lente voor de deur wil ik op korte termijn een oplossing vinden. Of in ieder geval een beginnetje maken. Als ik straks met Culy stop, heb ik alle tijd voor fysiotherapie.

'En hoe gaat het plassen?' vraagt dokter L, haar checklist figuurlijk afvinkend.

‘Ehm, goed, hoezo?’

Ze moet lachen. ‘Nou, omdat je er bij de laatste check-up nog zoveel last van had. Ik heb je toen zelfs naar een bekkenbodem-specialist doorverwezen. Ben je daar niet meer geweest?’

Nu kan ik een lach niet onderdrukken. Ze heeft gelijk, drie maanden geleden was dat nog een groot probleem. Wanneer is dat verdwenen? Ik plas gewoon weer als vanouds en ik heb het niet eens doorgehad!

38

Het wordt april en het weer is bijzonder zacht. Ik heb zelfs al op het terras gezeten met Bart, al was het onder de warmtelampen en met een dekentje over mijn schoot gedrapeerd. De reacties op social media blijven binnenstromen, ook omdat mijn post is opgepikt door een aantal andere media en omdat *Glamour* een follow-up op haar website heeft geschreven.

Mijn werk voor Culy zit erop en daar moet ik vreselijk aan wennen. Ik was heel erg toe aan even niets doen, maar nu het zover is verveel ik me dood. Ik vul de dagen met het opruimen van ons huis, maar vooral ook van mijn hoofd. De afgelopen jaren zijn zo hectisch geweest. Niet alleen de ziekte, maar ook het jarenlange buffelen op het werk hebben hun tol geëist. Ik ben op, terwijl mijn lijf juist steeds sterker zou moeten worden.

Eindelijk mag ik moe zijn. Sommige dagen slaap ik uit tot elf uur en moet ik 's middags van moeheid opnieuw een dutje doen. Als Bart thuis komt van zijn werk ben ik kapot, hoewel ik amper wat heb uitgevoerd. Ik schaam me; hij maakt écht heftige uren op kantoor, ik doe niets belangrijks.

Ik tik mijn culinaire column en post mooie foto's op Instagram, maar daar houdt het wel een beetje mee op.

Ik krijg een appje van Sabine, een vriendin uit de mediawereld die op een culinair evenement is geweest. 'Iedereen is onwijs benieuwd naar je volgende stap,' schrijft ze. 'Jij weet vast wat ze allemaal stiekem van plan is, je wilt het gewoon niet verklappen!' had iemand tegen haar gezegd.

Ik zou het als een compliment moeten zien, maar door dit berichtje lijkt mijn leven momenteel alleen maar nuttelozer.

De weken verstrijken en ik zak weg in een enorme terugval. Alles en iedereen is stom! Ik wil nieuwe dingen aanpakken, maar kan niet kiezen uit de vele opties en kies daarom maar niets. Mijn dagen zijn leeg, mijn agenda is blanco en mijn telefoon blijft angstvallig stil.

Wat had ik gedacht of gehoopt? Dat ik allerlei zakelijke aanbiedingen zou krijgen? Dat mijn mailbox zou uitpuilen van de voorstellen: 'Monique, je bent nu weg bij Culy, we móéten je hebben!'

De afgelopen vijftien jaar wilde iedereen voortdurend wat van me. Mijn ego krijgt zo wel een fikse deuk. Natuurlijk kan ik gewoon zélf de kansen creëren, in plaats van apathisch voor me uit te staren. Maar het lukt me niet.

De dagen kruipen voorbij. Ik doe niet veel meer dan een beetje werken, een beetje tv-kijken en vooral veel voor me uit staren. Bart maakt lange dagen op zijn werk en 's avonds zijn we allebei te moe om nog leuke dingen te ondernemen.

Ik probeer te koken, iets waar ik altijd zo gelukkig van werd, maar ik kan de inspiratie niet vinden. De markt en de speciaalzaakjes waar ik eerder met liefde voor omfietste, sla ik nu over. Ik haal voor het eerst al mijn ingrediënten bij de gewone supermarkt en maak elke avond wat eenvoudigs. Heb ik zin in iets bijzonders, dan laat ik lui mijn eten bezorgen. Op een gegeven moment bellen de Thuisbezorgd-koeriers vaker aan dan mijn vrienden, ik merk dat ik ze minder op zoek. We appen en bellen wel, maar vaak blijf ik thuis in mijn veilige cocon.

Als er dan via via toch een leuke klus voorbijkomt, een aantal kookvideo's met garnalen in de hoofdrol, sta ik direct te springen. Die energie verrast me, ik had niet verwacht dat opeens te voelen. Maar nu iemand me een opdracht aanbiedt, begint het toch weer een beetje te kriebelen.

Een hele dag sta ik vrolijk in de keuken recepten te bedenken. Op de draaidag zelf ben ik een stuiterbal in het productiehuis. Iedereen is enthousiast, niets brandt aan en het script rolt veel natuurlijker uit mijn mond dan verwacht. Ik kan het nog!

Alles wat boven het aanrecht uit komt ziet er perfect uit, maar daaronder begint zich langzaam een klein drama te voltrekken. Het lange staan blijkt helemaal niet goed voor mijn benen; door de lymfoedeem zijn ze zo opgezwollen dat de spijkerstof er akelig strak omheen spant. Door de zenuwpijn voelt het alsof mijn huid in de fik staat. Ik verbijt het, met moeite. Niemand mag zien wat er met me aan de hand is. Dát er überhaupt wat met me aan de hand is. Vandaag ben ik gewoon de gezellige kok die moeiteloos garnalen pelt.

's Avonds zit het overtollige vocht niet alleen ín mijn benen, maar ook ertussen. Wat doe je in hemelsnaam aan zo'n opgeblazen kut? Met een wijnkoelzak uit de vriezer, het enige ijskoude wat ik kan vinden, kruip ik op de bank. Het bevroren plastic plakt bijna aan mijn onderbroek vast en Bart moet zijn best doen om niet te lachen om de absurde situatie, maar de zwelling slinkt wel.

Ondertussen vertel ik hem over de geweldige dag die ik heb gehad en hoe fijn het voelt om me weer nuttig te maken.

'Zo zie ik je het liefst,' zegt Bart terwijl hij over mijn hoofd aait. 'Deze ambitieuze en energieke Mo is de leukste Mo.'

Ik weet het, maar ik voel ook dat ik daar nog niet ben. Dat vind ik vervelend voor mezelf, maar misschien nog wel vervelender voor hem.

Ik bel met dokter L. Rustig aan doen is haar advies, maar rustig aan is saai. Ik heb eindelijk weer een beetje mijn 'mojo' gevonden en nu wil ik dat vasthouden ook. Om maar wat omhanden te hebben, besluiten Bart en ik het huis te laten verbouwen. Omdat we daardoor een aantal weken niet thuis naar de wc of onder de douche kunnen, logeren we tijdelijk bij zijn zus. Maar eerst gaan we een paar dagen naar Bergen aan Zee, waar we hopelijk een beetje kunnen relaxen. Want dat is hard nodig.

Ik voel dat Bart en ik langzaam langs elkaar heen beginnen te glippen. Onze eerste tijd samen was zo intens: grootse verliefdheid, een leven tussen hoop en vrees en daarna de enorme opluchting dat ik beter was. Nu we het eerste half jaar erop hebben zitten, lijkt alles in rustiger vaarwater te komen. We kijken elkaar nu al niet meer zo verliefd aan als in het begin. We lijken volledig gewend aan elkaars aanwezigheid. Dat is erg snel gegaan. Anderen doen daar misschien een paar jaar over, maar bij ons staat alles permanent in de vijfde versnelling. Ik vind dat we ervoor moeten waken dat het allemaal niet té zachtjes gaat kabbelen.

Bart vindt het wel best zo, merk ik. Hij is geen dramaqueen zoals ik en heeft het druk genoeg op zijn werk. Thuis moet een baken van rust voor hem zijn, en niet een huis vol toeters en bellen. Die zijn er natuurlijk ook al genoeg geweest de laatste tijd, dat moet ik niet vergeten. Ook hij is moe. Ik ben niet de enige voor wie het intens was.

Bart en ik zitten op een bankje bij een strandtent onder een plaid. Het is dan wel bijna mei, het kwik komt niet boven de vijftien graden. We kijken naar het strand van Bergen aan Zee: de zachte golven, een paar ijverige kitesurfers en de grote hoeveelheid wandelaars. Mensen kijken blijft de leukste hobby die er is. Een ouder echtpaar met matchende windjacks en kaplaarzen kuiert voorbij en we lachen erom.

'Zo zien wij er later ook uit,' zegt Bart.

'Hopelijk dan iets minder zo'n ANWB-stel,' grap ik.

We hebben het gezellig, maar ik merk dat ik vooral behoefte heb aan diepe gesprekken. Ik probeer sentimentele zinnen uit hem te trekken, maar hij blijft liever aan de oppervlakte.

'Lief, wees nu gewoon blij dat het allemaal achter de rug is. Vanaf nu kun je weer mooie plannen gaan maken, een nieuwe onderneming beginnen, eropuit gaan! De wereld ligt aan je voeten!' zegt hij. Ik wiebel onrustig op het houten bankje waar we samen nét op passen.

'Maar hoe was het dan allemaal voor jou? Wat vind je ervan dat ik nog zo vaak controles heb in het ziekenhuis? Ben jij soms ook zo bang? Bijvoorbeeld dat de kanker terugkomt?'

Ik zie dat hij een 'juist' antwoord wil geven. Hij wil het zo graag goed doen, maar hij kan me niet geven wat ik nodig heb. Ik denk dat niemand dat kan. En misschien is dat ook wel beter. Wat heeft het voor zin om op te rakelen wat er allemaal is gebeurd? Wat is dat toch met mij – waarom heb ik zo'n vreselijke behoefte aan zwelgen in negativiteit?

Bart slaat een arm om me heen. 'Laten we het gewoon leuk hebben hier. De zon schijnt, het eten in deze strandtent is hartstikke lekker. Kom, bestel nog lekker een glas wijn, we hoeven nergens naartoe,' besluit hij terwijl hij de ober wenkt.

Terwijl onze glazen opnieuw worden gevuld piept Barts telefoon en krijgen we een update uit ons huis in Amsterdam. De boel ligt daar compleet overhoop. Alle meubels zijn in plastic gewikkeld, overal ligt stof en waar de douche stond zit nu een groot gapend gat van wel een halve meter diep.

'Het is nu nog allemaal een zooi, maar het komt straks helemaal goed hoor!' verzekert de aannemer ons. Dat geldt hopelijk voor meer dan alleen de badkamer.

39

Als we terugkomen in Amsterdam is het Koningsdag en trekken we in bij mijn schoonzus. Perfecte timing, want zij is met haar gezin op vakantie, dus we hebben het grote huis voor ons alleen.

Amsterdam barst uit zijn voegen, zoals ieder jaar. Ik vind dat heerlijk en benauwend tegelijk. Ik ben niet zo goed in mensenmenigtes. De voorgaande jaren vierde ik volop feest op deze dag, al bleef ik dan het liefst wel op één plek. Mijn huis in de Jordaan was daarvoor ideaal: al stond er een groot podium voor de deur, ik kon zo de drukte altijd meteen ontsnappen. Zodra ik de voordeur achter me dichttrok was het een soort van stil, kon ik rustig thuis plassen en daarna het feestgedruis weer opzoeken. Of niet.

Vandaag wil ik ook op pad, maar mijn benen werken niet mee. We proberen de stad in te gaan. Het lukt niet. De vele strandwandelingen waren minder gezond dan het leek. Alles is opgezwollen en de zenuwpijn brandt sterker dan ooit. De drommen mensen lijken op me af te komen als zombies, niemand lijkt echt op elkaar te letten. Vooral niet op mij.

Boos en verdrietig keer ik huiswaarts, waar ik mijn benen

op een hoge stapel kussens leg om het vocht de goede kant op te laten stromen. Bart deert het niet, hij is toch al niet zo'n Koningsdagvierder.

'Maken we het hier thuis toch gewoon gezellig,' oppert hij. 'Hier hebben we toch leukere muziek, lekkerdere hapjes en betere drank.'

Hij heeft volkomen gelijk, maar ik blijf mokken. Toch moeten we extra genieten van deze laatste dagen samen. Volgende week begint hij met zijn nieuwe baan en zal ik hem nog minder zien. Na drie glazen wijn lukt het me eindelijk om een beetje te ontspannen.

De volgende dag zijn mijn benen pijnlijker dan ooit. Meestal zakt het wel na een avondje rust, nu lijkt het alsmaar erger te worden. Vandaag moet ik naar ons appartement om dingen door te spreken met de aannemer, maar ik kan niet eens fietsen.

Ik ben het zat. Ik wil nú een oplossing.

Aan de telefoon met de arts-assistent kan ik mijn tranen nauwelijks bedwingen. Alle frustratie komt eruit.

'Wat is erger: het lymfoedeem of de zenuwpijn?' vraagt ze.

'Allebei!' jammer ik. 'De zenuwpijn is het meest irritant. Het oedeem zakt meestal wel als ik even wat rustiger aan doe, dan maar eventjes een paar dagen niet lopen of fietsen. Maar de zenuwpijn is er altijd. Elke dag.'

'Dan maak ik meteen een afspraak bij de Pijnpoli voor je, die kunnen je daarmee verder helpen. Ik hoop echt dat het gauw beter voor je wordt, Monique.'

Als ik ophang laat ik alles gaan. Ik heb in de badkamer staan bellen en als ik mijn ogen weer opendoe kijk ik recht in de treurige ogen van mijn spiegelbeeld. Ze zijn zwaar dooraderd, bloedrood, en met een zweem zwarte mascara eronder.

Op 7 mei kan ik terecht in het Antoni. Ik tref er niet 'de meneer van de pijn' waar ik eerder zo leuk mee flirtte, maar wel een aardige mevrouw met een ingewikkelde achternaam.

'Kun je zeggen waar het zit en wat je dan precies voelt?' zegt ze nadat ik in mijn trui, onderbroek en sokken heb plaatsgenomen op haar behandelbank.

Ik leg uit dat ik een constant brandende pijn voel en wijs de plek aan. Ze tikt met een bot metalen naaldje tegen de huid in mijn liezen, maar het voelt als een ijspriem. Ik schiet bijna tegen het plafond van de pijn en begin spontaan te huilen. 'Pak vla!' hoor ik Bart in gedachten mompelen.

De arts weet duidelijk niet zo goed wat ze met me aan moet en geeft me onhandig een doos tissues aan.

'Zal ik verder gaan of wil je liever dat ik even wacht?'

'Nee, ga nou maar door,' zeg ik, iets geïrriteerder dan de bedoeling is. De pijn is snerpend, de doos tissues te leeg voor mijn gejank.

'Je mag je weer aankleden,' zegt ze terwijl ze haar onbedoelde martelwerktuig opbergt. We nemen weer plaats aan weerszijden van het bureautje in de kamer.

'Het is absoluut zenuwpijn,' steekt ze van wal. 'Het is lastig te zeggen of je zenuwstelsel ooit helemaal als vanouds wordt. De operatie is natuurlijk pas een half jaar geleden, dus het kan nog alle kanten op. Het kán zich wel herstellen, maar dat gaat langzaam. Als ik zie hoeveel pijn je hebt, denk ik dat het raadzaam is je om nu al wat voor te schrijven.'

De kamer voelt opeens heel donker en benauwd. Nog meer pillen dus.

'Komt er bij jou of in je familie depressiviteit voor?'

Die vraag zag ik even niet aankomen. Ik weet het ook niet zo goed, sommigen hebben wel aanleg voor zwaarmoedigheid en de afgelopen maanden ben ik natuurlijk ook niet echt de vrolijkste geweest. Wat is het juiste antwoord?

'Ik geloof het niet. Niet echt, denk ik. Niemand zit aan de prozac of zo. Voor zover ik weet dan.'

'Ik vraag het omdat ik je een medicijn wil voorschrijven tegen de zenuwpijn, maar dat is een antidepressivum. En het tegenstrijdige aan dit middel is dat je er, als je niet depressief bent, juist opeens neerslachtige gevoelens door kunt ontwikkelen. Dus je moet het met zeer veel voorzichtigheid slikken en er goed bij blijven.'

Ik luister aandachtig. Eerst weer aan de pil terwijl ik onvruchtbaar ben, nu aan een antidepressivum terwijl ik niet depressief ben? De omgekeerde wereld.

'Het heet nortriptyline. En ondanks dat ik je een zeer lage dosis voorschrijf, zou ik je met klem willen adviseren om een paar mensen in je nabije omgeving op de hoogte te stellen van je gebruik.'

'Waarom?' vraag ik.

'Omdat sommige mensen er zeer heftig op kunnen reageren. Lichamelijk, maar vooral ook mentaal. De lijst met bijwerkingen is fiks, lees deze dan ook zeker goed door. En het is echt héél erg belangrijk dat een aantal mensen je goed in de gaten houdt.'

Dit klinkt eng. Ik weet niet of ik dat wel wil. Aan de andere kant: de zenuwpijn is ook niet meer te doen, ik wil weer gaan léven. Misschien lukt het wel met behulp van deze pilletjes. Misschien vallen de bijwerkingen bij mij wel mee.

'En dit is het enige middel dat kan werken? Is er niet iets anders met minder neveneffecten?'

'Nee, helaas is er niet veel anders. Nortriptyline was oorspronkelijk alleen een middel tegen depressiviteit. Toen bleek het bij sommige mensen ook hun zenuwpijn te verminderen. Het kan echt effectief zijn, ik hoop dat het bij jou ook goed aanslaat zonder al te veel gedoe. Houd me goed op de hoogte. Ik plan sowieso een aantal telefonische afspraken met je in om het te monitoren.'

Met een recept voor de apotheek sta ik niet veel later verbouwereerd buiten. Ik besluit alleen aan mijn vader en Bart te vertellen dat ik dit ga slikken, ergens schaam ik me dat ik antidepressiva krijg. Al is het voor een ander doel, maar toch.

'Ze hebben me met klem gevraagd of jullie me goed in de gaten willen houden. Als ik raar ga doen of anders ben, móéten jullie het tegen me zeggen. Beloven jullie dat?'

De twee belangrijkste mannen in mijn leven zeggen allebei toe, maar ik zie ze denken: wat krijgen we nú weer?

De eerste week kan ik bijna alle bijwerkingen die ik in de bijsluiter vind al voor mezelf afvinken. Een droge mond, misselijkheid, trillende handen, zweten. Ik ben duizelig en zie soms wazig als ik opsta, ik ben de hele dag moe en kan me nergens op focussen.

'Allemaal normaal,' spreek ik mezelf toe. Ik herinner me de woorden van de pijnarts dat deze dingen weer overgaan, maar als ik met het middel zou stoppen en later weer begin, dat ik het dan allemaal opnieuw voor mijn kiezen krijg.

Doorzetten dan maar.

Volgens mij is Bart blij dat ik door de verbouwing weer

een 'projectje' heb, want ik begin echt een draak te worden. Hij is net begonnen met zijn nieuwe baan en heeft het extra druk. Ik daarentegen ben veranderd in een zwaarmoedige zeur die zijn positieve humeur direct weet te wissen zodra hij 's avonds z'n jas uitdoet.

Ik wil er voor hem zijn, maar ik kan alleen maar klagen. Over de aannemer, over de natuurstenen tegels die toch niet bij elkaar passen, over de vuilniszak die vastzit in de bak omdat hij te vaak is aangeduwd. Als ik de hele dag alleen thuis heb gezeten lijk ik te verwachten dat hij me 's avonds komt entertainen.

'Maar ik ben ook moe, schatje,' zegt hij. 'Laat me gewoon even lekker relaxen en misschien nog wat gamen. Het was een lange dag.'

Chagrijnig plof ik naast hem op de bank. Hij heeft gelijk. Natuurlijk heeft hij verdomme gelijk. Het is niet aan hem om mijn dagen leuk te maken, dat moet ik zelf doen. Dus richt ik het gepruil weer op mezelf en haat ik het dat ik geen eigen plannen heb gemaakt. Een vicieuze cirkel die maar niet doorbroken wordt.

Na ruim twee weken voel ik nog geen verschil in mijn benen, de zenuwpijn lijkt juist feller dan ooit. Met een vriendin ga ik naar de sauna, maar de hitte maakt me dizzy en in de auto terug draait de wereld voor mijn ogen.

Ik mag zelf niet autorijden en eigenlijk ook geen alcohol in combinatie met deze medicijnen, maar op een feestje van een mannenblad in een hippe tent in Amsterdam-Noord kan ik het niet laten. Eén cocktail kan best, denk ik eigenwijs. Eentje worden er drie en voordat ik het weet sta ik te tollen.

Een week later is het weer raak. Ik ben te gast op een

evenement, ter ere van de garnalencampagne waarvoor ik onlangs de video's heb gemaakt. Het wordt gehouden op een prachtige locatie in Amsterdam, Huize Frankendael. Ik heb speciaal een feestelijk jurkje aangetrokken en me zo mooi mogelijk opgemaakt. Het is benauwd en druk in het oude koetshuis waar het feestje plaatsvindt, en ik moet moeite doen om mijn hoofd erbij te houden. Vanavond houd ik het braaf bij water, maar ook dit keer voel ik me ellendig. De gesprekken met collega-journalisten die me normaal gesproken natuurlijk afgaan, verlopen nu stroef. Ik voel me niet mezelf. Mijn stem klinkt anders, mijn brein werkt niet mee.

Eenmaal thuis na een lange fietstocht, weet ik zelfs niet meer hoe ik mijn slot vast moet maken. Ik piel minutenlang met het sleuteltje, totdat ik het opgeef en mijn fiets dan maar gewoon op enkel slot laat staan. De volgende dag kan ik me dat niet meer herinneren, totdat ik de kabel slap over mijn bagagedrager zie hangen en alles weer terugkomt.

'Allemaal normaal.'

Ik durf niets tegen mijn twee deelgenoten te zeggen, dadelijk denken ze dat ik gek word. Ze hebben me beloofd het te melden als ze vinden dat ik raar doe, en tot nu toe heb ik nog niets gehoord. Er is vast niets aan de hand, misschien dénk ik gewoon dat ik van alles voel, omdat ik het in de bijsluiter heb gelezen, als een soort omgekeerd placebo-effect.

De volgende week is de verbouwing zo goed als af, al is het huis nog een gigantische puinhoop en ligt niets op de originele plek. We slapen inmiddels weer in ons eigen bed, alleen de badkamer kunnen we nog niet gebruiken. Ik probeer andere plekken te vinden om te douchen. Gelukkig wonen er veel vrienden in de buurt waar ik met een handdoek en fles douchegel onder de arm naartoe kan. Maar sommige dagen voel ik me te gefrustreerd, wil ik geen mensen zien en was ik mezelf maar met een washandje onder de keukenkraan.

Bart heeft het nog steeds zwaar te verduren met me, al houdt hij zijn kaken stijf op elkaar. Elke dag vind ik wel weer wat nieuws om over te zaniken: hoe laat hij thuis is, waarom het wc-papier op is, dat mijn benen nog steeds zo'n pijn doen.

Nog steeds slik ik braaf elke dag zowel mijn anticonceptiepil als de nortriptyline. De bijwerkingen van de eerste paar weken zijn voorbij en daardoor link ik mijn gemopper niet aan het middel, maar aan de verbouwing en aan mijn gewoonlijke inflexibiliteit.

Ik zie dat Bart me een zeikwijf vindt, maar hij zegt niets.

Ik vraag hem ook niets. Samen zwijgen we het dood.

Totdat er een feestje is waar we allebei van plan waren om heen te gaan, maar ik op het laatste moment afzeg omdat ik last heb van mijn darmen. Hij vindt het vervelend voor me, maar wil zelf wel nog gaan. Ik gedraag me als een klein kind en ben van mening dat hij bij mij moet blijven en voor me moet zorgen.

'Je moet me instoppen, onder een deken! Ik wil niet alleen zijn,' mekker ik.

Hij doet het, zij het met weinig enthousiasme, wat niet zo gek is gezien mijn humeur. Dan trekt hij zijn jas aan.

'Ga je nou toch?!'

'Ja, ik ga naar het feestje. Het is zaterdagavond, ik heb een absurd drukke werkweek gehad en ik wil op stap. Ik ben vlakbij, als er echt wat is, dan kun je me bellen. Maar nu ga ik.'

Beteuterd blijf ik achter. De adviezen negerend maak ik uit pure frustratie een paar glazen wijn soldaat. Ik pak diarree-remmers om mijn opstandige buik stil te leggen. Om een uur of elf ben ik het alleen zitten zat en app ik Bart.

'Ik kom toch nog. Ik moet er ook uit. Tot zo.'

Ik maak me uitbundig op en trek zelfs een jurkje aan. Als ik in de kroeg aankom waar het feest wordt gehouden, is de helft van de groep al weg en de andere helft flink in de olie. Ik lijk er niet tussen te passen, de gesprekken gaan langs me heen en mijn danspasjes komen niet uit de verf.

Als we buiten een sigaret roken begin ik wederom te vitten op Bart. Hij heeft net een heftig gesprek gehad met iemand en ik heb daar een nogal ongezouten mening over.

'En nu hou je op!' roept hij opeens hard.

Het is alsof iemand het licht aandoet. Me door elkaar rammelt. Ik ben muisstil en lijk opeens van een afstandje naar mezelf te kunnen kijken. Waar ben ik mee bezig? Wie ben ik, waar is Monique, waarom dóé ik toch zo?

'Volgens mij moeten wij lekker naar huis,' zegt hij. Als hij de jassen heeft gehaald en me in mijn jack helpt, voegt hij eraan toe: 'En volgens mij moet jij die pillen eens gaan afbouwen.'

40

Het is half juni als ik in de tuin van mijn vader in Brabant een sigaret opsteek. Ik kijk uit over de vijver, waar meer kikkers dan vissen in zitten, tot groot ongenoegen van mijn vader. Ik hoor Ank in de keuken rommelen, ze maakt soep met de laatste asperges van het seizoen. Straks zal ik het toetje voor het avondeten maken, iets met aardbeien en heel veel slagroom.

Terwijl ik de rook uitblaas, besef ik dat de wereld weer normaal geworden is. Natuurlijk is de wereld gewoon hetzelfde gebleven. Alleen voel ík me nu pas weer normaal.

Nu ik gestopt ben met de pillen realiseer ik me pas wat ze met me deden. Ik was het niet die zo raar deed. Het was de nortriptyline. Ze hadden gelijk: dit spul kan vreemde dingen met je doen. Jammer genoeg kwam ik daar een beetje te laat achter.

In samenspraak met de pijnarts heb ik de medicijnen langzaam afgebouwd. Begin deze maand belde ik haar op, met een stem vol wanhoop.

'Ik weet niet of het door de pillen komt, maar ik ben echt niet meer mezelf. Ik voel niets meer en alles tegelijk. Ik ben alleen maar boos en verdrietig. Soms wil ik bijna uit het raam springen van ellende.'

Ik hoor dat ze schrikt.

'Goed dat je belt. Dit is absoluut niet de bedoeling, laten we zo gauw mogelijk met de nortriptyline stoppen.'

Uiteindelijk heb ik het maar een maand gebruikt, maar het voelde als een eeuwigheid. De pijnarts stelde nog een alternatief voor, 'een broertje van'. Maar ik zei alleen maar: 'Nooit meer!'

Nu breekt de zon door, letterlijk en figuurlijk, en ziet alles er opeens weer uit zoals het hoort. Het is alsof ik een tijdje in zwart-wit heb geleefd en nu weer kleur zie. Stemmen komen weer binnen, de warmte buiten weet me te raken, ik formuleer weer heldere zinnen. Het beste is vooral dat ik niet meer iedereen als de vijand zie.

Mijn vader zegt dat hij niets aan me heeft gemerkt, maar dat is natuurlijk ook niet zo gek. Ik heb hem maar één keertje gezien de afgelopen tijd en blijkbaar kon ik mijn gekte toen prima bedwingen.

Bart zegt, achteraf natuurlijk, dat hij me de hele tijd al eigenaardig vond doen.

'Maar ja, we zaten ook midden in die verbouwing, sliepen niet thuis, ik was net begonnen met mijn nieuwe baan...'

Allemaal plausibele redenen om een beetje *off* te zijn, natuurlijk. Zij merkten ook wel dat ik niet helemaal in mijn hum was. Ze linkten het alleen niet aan die pillen.

Gelukkig is er ook iets positiefs over het middel te zeggen: het lijkt toch te hebben geholpen tegen de zenuwpijn. Van binnen zitten er nog vochtophopingen, maar van buiten begint de huid weer een beetje normaal te voelen. De brandende pijn en de steken ebben weg.

'Misschien is het ook gewoon de tijd die eroverheen is gegaan,' zegt mijn vader 's avonds, als de aspergesoep door Ank wordt opgediend in diepe borden met een fleurig motief.

Ik geloof liever dat het de antidepressiva waren. Dan is deze demonische maand tenminste niet helemaal voor niets geweest.

Na het lange weekend in Brabant kom ik uitgerust en vol goede energie terug in ons Amsterdamse huisje. Dat is inmiddels helemaal verbouwd en netjes opgeruimd, mede dankzij Bart en zijn lieve ouders die veel hebben meegewerkt.

Het is tijd om ook mezelf een grondige voorjaarsschoonmaak te geven. Ik breng een bezoekje aan de kapper, boek een gezichtsbehandeling en laat mijn wenkbrauwen verven. Mijn hele gezicht knapt ervan op. Bart ziet het ook en hij vindt dat ik weer straal.

Via het AVL maak ik een afspraak voor een intakegesprek bij een lymfoedeemspecialist. Dat vocht moet uit mijn benen, ik heb zin om weer te gaan sporten en wil samen met haar de opties bekijken. Als klap op de vuurpijl heb ik zelfs een app gedownload om te gaan mediteren, al zie ik daar een beetje tegen op.

'Ik ben helemaal niet zo zweverig,' zeg ik tegen mijn vriendin Liselotte als ik haar over het plan vertel. 'Maar veel mensen schijnen er baat bij te hebben. Toch?'

Ze vindt het een goed idee en is trots dat ik het probeer. 'Monique van Loon hummend in een lotushouding op de bank, wie had dat gedacht.'

De fysiotherapeute die mijn benen behandelt blijkt niet alleen kundig, maar ook een engel. Alles wat de vrouw in die andere praktijk afgelopen winter niet deed, doet deze wel. Ze is hartelijk en begripvol en lijkt het absoluut niet erg te vinden om ook als een soort psych te worden gezien.

Elke twee weken ben ik in haar praktijk. Soms lucht ik mijn hart en moet ik huilen, vaker hebben we samen de grootste lol. Ik maak weer grapjes, ook over de kanker, maar ditmaal niet om mijn verdriet te verdringen. Ze vindt me niet zielig, ze lijkt het juist oprecht leuk te vinden om me te behandelen. Het lymfoedeem zal nooit helemaal verdwijnen, maar door haar therapie neemt het wel zienderogen af.

Elke maand meet ze de omtrek, van voet tot lies. En elke maand is er weer een paar millimeter vanaf. Met een viltstift zet ze stipjes als ijkpunten op mijn huid, 's avonds grap ik tegen Bart dat hij de punten kan verbinden en dat er dan vanzelf een tekening ontstaat.

Met ons twee gaat het gelukkig ook weer beter. Dat het slecht ging had ik vooral aan mezelf te danken. Hij is de hele tijd dezelfde rots in de branding gebleven, was er altijd om de klappen op te vangen. Het enige wat ik kan doen is hem de liefde en vooral de vrijheid te geven die hij zo verdient.

En dan is het alweer tijd voor de driemaandelijkse check-up bij dokter L. De kwartalen vliegen voorbij. Ze schrikt van mijn depressieve antidepressiva-periode en is blij dat ik inmiddels weer 'clean' ben.

'Maar het heeft dus wel gewerkt?'

'Ja, daar lijkt het wel op. De zenuwpijn is niet weg, maar wel veel minder. Maar misschien was dat ook wel gebeurd zonder die pillen.'

'Dat denk ik niet,' zegt ze. 'Ook al neem je ze maar een korte periode, ze kunnen je zenuwstelsel wel een soort van resetten. Laten we dat maar denken, zodat je ze niet nog eens hoeft. Neem nu maar weer plaats in de stoel. Inmiddels ken je het riedeltje wel, hè?'

Het inwendig onderzoek is nooit prettig, maar het went. En als iemand het zo fijn mogelijk kan doen, is het mijn eigen vertrouwde dokter L wel. Broek en slipje uit, 'houd je sokken maar aan hoor', benen hoog in de beugels, eendenbek met voldoende glijmiddel erin en voelen maar.

'Alles ziet er nog steeds goed uit. Er is geen littekenvorming in je vagina, het voelt glad en normaal.'

Normaal. Mijn nieuwe lievelingswoord.

Opgetogen fiets ik terug naar huis. Net als in de spreekkamer heb ik hier het afgelopen half jaar ook een eigen ritueel voor ontwikkeld. Ik plaats mijn voeten op de trappers, zet 'We Are The Champions' van Queen op in mijn oortjes, blèr ongegeneerd mee en zodra het nummer afgelopen is, bel ik mijn vader.

'Alles was weer in orde!' roep ik elke keer. En elke keer hoor ik hem zuchten, een traan wegslikken en uitgebreid zeggen hoe blij hij daar mee is.

Die avond maak ik lasagne. Bart is op tijd thuis en vrolijk dat ik zijn lievelingsmaal heb bereid. Ik heb er een heerlijke rode wijn bij gekocht en de tafel extra mooi gedekt.

Terwijl ik de laatste hap lasagne smakkend verorber en nog een slok wijn neem, kijk ik de woonkamer rond, naar alles wat we samen hebben. Tot slot kijk ik naar hem. Mijn vent. De grote liefde die ik vond op een moment dat ik het leven niet liefhad.

Ik ben gelukkig met de dingen en de mensen om me heen. Bovenal begin ik stilletjes aan weer gelukkig met mezelf te worden. Zelfs het gekke korte plukje haar achter op mijn kruin deert me steeds minder.

'Het is weer goed hè, babe,' zeg ik.

Zijn blik kruist de mijne.

'Het is goed. En nu wil ik die modelpoes van je weer eens bewonderen.'

Dank

Graag wil ik een aantal mensen bedanken die mij direct of indirect hebben geholpen met beter worden, het geluk vinden en het schrijven van dit boek. Uitgeverij Nieuw Amsterdam, met in het bijzonder Willemijn: zonder jou was dit boek er nooit gekomen. Florence, mijn tweede redacteur die het boek vele malen beter heeft gemaakt met haar feedback. Elles, die mijn verhaal voor het eerst aan de buitenwereld toonde in *Glamour*. Jet voor de prachtige foto's voor- en achter op dit boek. En Lianne, mijn schrijfmaatje.

Alle lieve en kundige artsen, met name dokter L, en alle fantastische mensen in het Antoni van Leeuwenhoek. Mijn fysiotherapeuten, Sophie en Susan, zonder jullie zou ik niet meer zo makkelijk door het leven kunnen wandelen.

Mijn lieve familie, collega's en vrienden die me hebben gesteund toen ik het zo nodig had, maar vooral wanneer ik het dacht niet nodig te hebben, en jullie er toch waren. In het bijzonder Ank, Marcella, Anneke & Joop, Wilma & Chris, Willem & Irene. Mijn lieve vriendinnen, sommige zijn gekomen en sommige gegaan, maar ik ben jullie allemaal dankbaar. In het speciaal een extra diepe buiging voor Liselotte, Esmé, Josephine, Miljuschka, Tess, Anne, Sabine en Roos. Jullie hebben het toch maar mooi met me uit weten te houden al die tijd. Philippine: jouw kracht heeft mij ook geholpen. Bart: we zijn inmiddels niet meer bij elkaar, maar je hebt voor altijd een bijzonder plekje in mijn hart. En tot slot: mijn vader. Zonder deze man had ik het nooit gered en had de wereld er een stuk minder mooi uit gezien. Dank jullie wel.